中小企業のための
管理会計
コンサルティング
実務と事例

Management
Accounting
Consulting
for SMEs
Practice & Case Studies

藤本康男 編著
篠田朝也 監修
管理会計コンサルタント協会 編

東京図書出版

巻 頭 言

篠 田 朝 也

岐阜大学社会システム経営学環教授

管理会計コンサルタント協会顧問

　本書は、「中小企業においてこそ管理会計の活用が必要とされている」という理念のもとに、管理会計の実務実践に焦点を当てて執筆されたものです。

　管理会計とは、平たく言えば「経営に役立つ会計」です。また、我々の目指すところは「管理会計によるコミュニケーションを通じた組織の活性化」です。

　残念ながら、多くの中小企業では、日々の業務に忙殺されるなか、管理会計の整備が進んでいません。しかし、組織の規模が数名程度を超えてくると「経営者が一人で頑張る」というやり方には必ず限界が来ます。企業は組織、すなわち「チーム」です。企業の経営活動は、個人競技ではなく「チーム競技」です。たとえ誰かに頼った「ワンマンチーム」で乗り切れていたとしても、長続きはしませんし、キーパーソンに何かあればチームがすぐに崩壊します。

　そもそもチームには、そこに属する人数分の力を単に合わせたものを上回るパフォーマンスを発揮する潜在能力があります。その一方で、その空気が淀んだ時には、その人数分の力さえ発揮できなくなる危険性もはらんでいます。皆様の属するチーム、関わりのあるチームのパフォーマンスはいかがでしょうか？　この先さらに厳しさを増していくであろう経営環境において、企業が生き残りをかけて戦うためには、メンバーの総合力を活かしてチームの力を向上させることが不可欠となることに

ついては、多くの方々から同意いただけるものと思います。

　管理会計が整備されると、組織内の経営活動の「見える化」が進展します。これにより日々様々な業務に関わるチームのメンバーの間あるいはリーダーとメンバーの間で、解決すべき「課題の発見」や「課題の解決に向けて考える取り組み」が起きてきます。考える取り組みを「実際の行動」に移していくことで、チームは大きく変わります。「見える化」が浸透していれば、行動の変化の詳細も具体的に捉えられるようになりますので、成果の検証や、さらなる改善の検討がしやすくなります。リーダーがチームの方針を決めるうえでも役立ちます。

　このように、管理会計には主に二つの機能があります。一つは「リーダーにとっての羅針盤となる」こと、もう一つは「メンバーが直面する業務をより良いものにするために考える材料を提供する」ことです。つまり、管理会計は、リーダーにとっても、メンバーにとっても、必要な情報を提供するインフラとして機能するわけです。

　管理会計は企業の経営に役立つ会計ですから、制度会計のようなルール化はされていません。必要に応じて、できるところから段階的に組織に取り込みながら、試行錯誤も繰り返し、徐々に整備を進めていけばよいものです。現実の現場では、すぐにうまくいくことばかりではありませんし、成果も急に生まれたりはせず、小さくて地味な成功を積み上げていくようなものとなります。そのような積み重ねが、メンバーの意識を徐々に変えていき、着実にチームの力を高めていくことに繋がっていきます。

　問題は、このような管理会計の仕組みの導入や運用は、各社の状況に応じて試行錯誤で構築していくほかないという点です。時間も手間もかかってしまうことですから、管理会計のインフラ整備は、後回しにされがちになります。そのため、管理会計の導入や運用については、疑問や

悩みを持たれている実務家の方が多くいらっしゃると思います。本書は、まさにそのような疑問や悩みを持ちながら、苦心して取り組んできた、実務家による経験知や実践事例を共有したものとなっています。

　本書の前半では、管理会計コンサルタントの藤本康男氏が、同氏の管理会計コンサルティングの経験知を要約・整理し、管理会計の導入と運用に関する「基本的な考え方」について解説しています。長年にわたり大学・大学院で管理会計の研究・教育に携わってきた私の視点から見ても、同氏のコンサルティングの方針は、理にかなったものであると共感していますので、ぜひ参考になさってください。

　後半では、藤本氏が代表、私が顧問を務めている「管理会計コンサルタント協会」のメンバーが、定期的なセミナーを通じて発表をしてきた、各自の実践事例をまとめた事例集となっています。同協会では、管理会計コンサルティングに従事するメンバー同士で、定期的に実務事例について意見交換、情報交換の機会を設けたり、管理会計の理論や研究成果について勉強会をしたりと、中小企業における管理会計の活用を拡げるべく活動を行っています。

　そういった意味で、本書は同協会の活動成果報告書という性格も帯びています。内容的には、まったく背伸びせず、成果を大きく見せたりするようなこともなく、事例の紹介を通じて、「実務実践は難しい」ということを実直に開陳したものとなっています。したがって、我々の取り組みにも課題は山積していることを打ち明けているわけなのですが、その「リアルな現場の風景」を共有する本書は、管理会計に取り組もうとしている実務家の方々にとって有益な情報を多く含んでいるものと思います。

　本書は、「どうすれば管理会計を活かして業績がすぐに上がるのか知りたい」というような「即効性のある万能薬」を求める方や、「これで

管理会計のすべてが分かる」という「正解」を求める方には向きません。むしろ、読者の方に理解していただきたいことは、「管理会計の仕組みは、対象組織や対象課題によって多様にありえ、これが唯一の正解であるというものはない」ということです。ある程度の試行錯誤も避けられません。試行錯誤を経て、たどり着いている実務実践が、その時点での最善に近いものであろう、というあり方を感じていただきたいのです。

　本書が想定している読者は、管理会計の実践に関心がある方すべてではありますが、特に、中小企業での管理会計導入を支援する立場の人に参考にしていただきたいと考えています。具体的には、中小企業の「伴走支援」に従事されている、経営コンサルタント、中小企業診断士、税理士などの方々です。支援される立場の方々も、取り組みながら、活動内容に不安を感じたり、これでよいのだろうかと疑問を感じていることが多々あるはずです。支援者としての自信は、多くの疑問や苦悩の積み重ねのうえで構築されます。やり方に唯一の正解はありません。「このような考え方もある」、「このような事例もある」、といった引き出しが増えることは、支援者にとって、貴重な知見になるはずです。もちろん、自らが取り組みの主役となる立場の、経営者、経営改善の担当者、経理部門の担当者など、企業で活躍されている皆様にとっても、参考になる内容となっているはずです。

　管理会計を活かして中小企業を活性化しようと取り組まれている皆様に役立つヒントや情報を提供できればと考えて、本書は企画されました。本書が、本書を手に取られた皆様の日々の活動や取り組みを、わずかでも後押しすることができれば嬉しく思います。

は じ め に

　平成から令和に移る2019年に、前著『中小企業のための管理会計　〜理論と実践〜』を出版しました。おかげさまで、地味な分野の本にもかかわらず増刷となり現在も購読していただいております。読者の方々からは「わかりやすい」という感想をいただくことが多く、中小企業向けに特化した書籍を出版した甲斐がありました。

　前著においては、管理会計の基礎的知識とその導入の方法についてコンパクトにまとめました。そして、中小企業の経営者や実務担当者及び外部の税理士やコンサルタントが網羅的に理解され、かつ実践していただくことを主眼としました。また、管理会計を中小企業に導入する意義についても、大企業との比較を通して説明しました。その意味で、前著は中小企業のための管理会計のベーシックな教科書という位置づけができるかもしれません。

　筆者は前著を出版したあと、中小企業に管理会計を導入する人材を輩出するために、「管理会計コンサルタント養成塾」を全国で開催しています。そこでは、管理会計を中小企業に導入する意味や手順、管理会計コンサルタントの立ち位置、ノウハウなどを体系化したカリキュラムを提供しています。つまり前著でカバーしきれなかったより具体的で実践的なノウハウを伝授しています。受講生は税理士（会計士）や中小企業診断士および独立したコンサルタントなど幅広いですが、カリキュラムには大変好評をいただいております。また、養成塾を受講された方々が参加する「管理会計コンサルタント協会」も立ち上げました。本書の第二部は協会に参加している方々によって書かれています。

　そのような経験から、管理会計を中小企業に導入するためには、企業内部の方々の努力とともに、外部から導入支援できる人材の拡大が必須

であると実感しています。全国に管理会計コンサルタントが続々と生まれ、地域の中小企業のために汗をかくことができれば管理会計の普及に資することは間違いありません。それがひいては全国の地域に根差す中小企業の発展につながると考えています。

　中小企業は人数が少ないぶん、一人ひとりが粒だっている組織です。また、地域に密着していることで、地域を良くしたいという思いがあふれています。そこには、効率一辺倒で短期的利益追求になりがちな大企業とは違う風土があります。いわば「人間らしい組織」です。管理会計はそのような風土の企業にこそマッチするという実感があります。

　本書は、中小企業を取り巻く専門家や関係機関の方々が一人でも多く管理会計コンサルティングの手法をマスターし、一社でも多くの中小企業の経営支援を行っていただくことを目的としています。とりわけ、コンサルティング分野への進出を考えている税理士・会計士の方々や、処方箋の提示のみならずその実行支援までを実践したいと考えている中小企業診断士の方々にはぜひ手にとっていただきたいと思います。筆者自身の経験からも必ずやお役に立てることと確信しております。

　本書の内容は、管理会計コンサルタント養成塾のカリキュラムをベースにしています。その意味では、外部の専門家のための管理会計コンサルティング手法に特化した実務書といえるかもしれません。とはいえ、企業の内部の方々にとって無用というわけではありません。本書の内容を理解していただくことは、外部の専門家をご活用いただく際の指針となるに違いありません。また、外部のコンサルタントに頼らず、自社で管理会計を導入したいと考える経営者や経理担当者のための実践の手引書となるはずです。

　本書の第Ⅰ部では、著者が15年にわたってコンサルティングをしてきた実績に基づき、そのノウハウをあますところなく開示しています。

第Ⅱ部は、管理会計コンサルティング手法を習得した全国各地の管理会計コンサルタントによるコンサルティング事例集となっています。第Ⅲ部では実際のコンサルティングで使用する各種データやフォーマット等を紹介しています。さらに、コンサルティングにまつわるさまざまな情報をコラムで紹介しています。この一冊があれば、管理会計を中小企業に確実に導入できるように工夫しました。

　管理会計コンサルティングの神髄は「会話を生み出す」ことにあります。「Ｖ：見える化」→「Ｃ：考える化」→「Ａ：行動化」のサイクル*¹の過程で会話が生み出されます。会話は意見でありその人の気持ちの表れです。それはまさにアドリブの連続ですが、同時に企業に集う一人ひとりの主体性が開花する瞬間でもあります。その瞬間はコンサルタントにとって、とても楽しくエキサイティングな時間です。

　ぜひ、管理会計コンサルティングという魅力的な仕事を実践していただきたいと思います。この本を手にしたすべての方々のご活躍をお祈りします。

管理会計コンサルタント協会代表

藤 本 康 男

---

*¹　VCAサイクル。Ｖ：Visualize、Ｃ：Compare & Consider、Ａ：Actionの頭文字を取ったもの。

目　次

第Ⅰ部　管理会計コンサルティングの実務

第一章　管理会計コンサルティング実践にあたって

1. 管理会計コンサルティングの本質

　そもそも、管理会計コンサルティングとはなにか？　あるいは管理会計コンサルティングを実践することで中小企業にはどのようなメリットがあるのか？　この答えを最初に考えてみたいと思います。

　企業は人の集合体です。つまり、結局は一人ひとりの人間に分解されるということです。では、人間とは何でしょうか？　この問いに対する答えはさまざまでしょうが、本書では次のように定義したいと思います。

　　　人間とは……コミュニケーションを欲する生き物である。

　コミュニケーションを欲するとは、ひらたく言えば、誰かと話したくなる性質を持っている、ということです。一日中誰とも話さない生活を想像してみてください。一日だけならまだしもそれが一週間一カ月と続いたら……おそらく誰かと話したくてたまらなくなるのではないでしょうか。要するに人は誰かと会話することで他者を感じ、他者の発信を通じて自分の存在を確かめたいという本能を持っているのではないかと思います。

　管理会計コンサルティングはこのような人間の特性に着目していま

す。つまり、誰かと話す環境を作り出し会話をすることで、仕事を楽しくするという機能を持っているのです。そして、会話の中から課題を見つけ出し、それを解決する方法を探り、実際の行動に結びつけていくというサイクルを回していきます。社長や上司から一方的に指示されたことをやるのではなく、自らの発言を契機にした主体的な実践が生まれてくるというメリットがあります。

　このように本書ではマネジメントの考え方として、いわゆるトップダウン型を志向してはいません。トップダウン型とは、一般に、社長がすべての指示を出し、それを部下が忠実にこなすというマネジメントを指します。トップダウン型のマネジメントに対し、本書の管理会計が志向するマネジメントはボトムアップ型です。ボトムアップ型とは、現場の意見を重視し、それぞれの持ち場のスタッフが主体的に改善を実施するというマネジメントを指します。とはいえ、社長の役割がないわけではもちろんありません。本書における社長の役割は、経営理念と行動指針を策定し、ビジョンを構築することです。とりわけ、経営理念を策定することに重点を置いています。

　経営理念とは社長が会社を作った目的です。「この会社はなんのために存在するのか」あるいは「この会社で何を成し遂げたいのか」を表したものです。そこには、世界に一つしかない会社の目的と価値観が宿っています。この価値観は価値基準となり社員と共有することで会社に一つの軸が生まれます。後に詳述するスタッフ間でのプロジェクトミーティングでその真価が発揮されます。また、経営理念は社長の気持ちでもあります。社員が社長の気持ちを理解することによって、より深い相互理解が可能となります。

　つまり、経営理念という世界観の中でスタッフが会話を交わし、主体的に行動することが管理会計コンサルティングを実践する最大のメリットです。人間が持つ「会話するという本能」を発揮することで楽しく主

体的に業務を改善することができます。そのように考えると、管理会計コンサルティングの定義は次のようになります。

管理会計コンサルティングとは、

- 会社に集うすべての人の「気持ちを見える化」することにより業績を改善する仕組み

一言でいえば、「コミュニケーション再生産」の仕組みです。

２．管理会計コンサルティングを実践するための準備

　管理会計は会社の中に「会話」を作り出し、会話の中から課題を見つけ出し改善する手法であるということはご理解いただけたと思います。しかし、会話を作り出すことは実は簡単ではありません。日々の仕事のなかで必要な会話については多かれ少なかれ誰でもしているでしょう。一方、業務プロセスの中の問題点を見つけ出し、それを改善するための会話はどうでしょうか？　おそらく日々の業務を回していくことが精いっぱいでとても改善まで手が回らない、という状態の会社が多いのではないでしょうか？

　では、改善するための時間を別途確保し、ミーティングを開いた場合はどうでしょうか？　実はこの場合でもあまり効果は期待できないのです。改善のために人を集めて会議を開催しても、いざ、発言する段になるとほとんど会話が続かないということがしばしば起きます。その理由は、会話をするための"きっかけ"や"拠りどころ"がないからです。

　会議の参加者は日ごろの課題を漠然と感じていても、改めて会議の席でしゃべろうとすると、何からしゃべっていいのかと逡巡します。ここに話の"きっかけ"があれば各段に話しやすくなるでしょう。また、何

か問題点をしゃべっても客観的な事実がなければ推測や憶測の域を出ず、議論が空中戦となって収拾がつかなくなります。最悪の場合は険悪なムードになったりもします。これは、話の"拠りどころ（根拠）"がないために起きる現象です。この結果、ミーティングをしてもあまり意味がないという共有認識ができてしまい、しまいには会議自体を開かなくなってしまうのです。

このように、一口に会話をすると言ってもその前には大きな壁が立ちはだかっているのです。それでは、建設的な議論ができるようにするためにはどうすればいいのでしょうか？　その答えこそが"管理会計"なのです。

管理会計では、会話をする"きっかけ"や"拠りどころ"を提供します。それが「現場データ」です。現場データとは、各部門のプロセスを測った指標のことです。客観的なデータが参加者の手許にあることで、会話の"きっかけ"と"拠りどころ"を提供します。具体的に言えば次のようになります。

- 店舗……商品ごとの売上個数および金額、商品在庫数、顧客アンケート
- 営業……得意先別商品別売上高、商品在庫数
- 製造……製品別原価、歩留り一覧、在庫回転数
- 品質……内部・外部クレーム数、失敗コスト
- 総務……時間外勤務時間数、研修受講数
- 調達……調達コストダウン一覧
- 開発……新商品開発数、開発時間、開発コスト

会議の参加者は、これらの現場データをまずは報告することから始めます。そこで気が付いたことや感想などを述べることで会話がスタートします。また、現場データは会社の規模や業種、業態によって違いがあ

ると思います。筆者の経験からは数人の規模の会社でも現場データは複数取ることが可能です。とはいえ、最初は何から取ればいいのかよくわからないかもしれません。そのような場合には、すべての会社に当てはまる共通データとして、「売上の明細」、「原価の明細」、「資金の明細」という三つの明細を思い浮かべてください。先ほど挙げた例をこの三つの区分で整理すると以下のようになります。

①売上の明細……商品ごとの売上個数および金額、得意先別商品別売上高、顧客アンケート
②原価の明細……製品別原価、歩留り一覧、失敗コスト、時間外勤務時間数、調達コストダウン一覧、開発時間、開発コスト
③資金の明細……商品在庫数、在庫回転数

　例えば5人でやっている飲食業を例にとれば、次のようになります。

①売上の明細……メニューごとの売上明細、顧客数一覧、顧客アンケート、時間帯ごとの売上数、天候記録
②原価の明細……メニューごとの原材料一覧、限界利益率一覧、顧客単価
③資金の明細……食材ごとの在庫数量、ロス率、消耗品在庫数

　いかがでしょうか？　これらのデータは身近にあると思います。これらのデータは会話のきっかけと拠りどころとなり、スムースな会議が運営できることになります。なお、具体的な現場データの取り方については、後ほど詳しく解説していきます。

　ところで、上記のような現場データは通常、中小企業にはありません。データ自体は身近にあるものですが、それを集計して表などに落とし込んでいる会社は少数派です。例えば飲食店の売上明細を例にとって

みましょう。店舗全体の売上金額は毎月把握されているのですが、メニューごとの売上明細を一カ月単位で集計し、毎月の推移を一覧できるようにしている店舗は少ないのではないでしょうか。レジデータとしてデータはあるにもかかわらずです。（図表1-1）

　つまり、多くの中小企業では、現場データを作り込むところから始めなければならないのです。その作業には当然ながら時間がかかります。今までやる必要がなかった集計作業が新たに業務としてのしかかってくるわけです。しかし、この集計時間を惜しんでいては管理会計の導入は前に進みません。

　管理会計を導入するためには、それゆえ、社長の確固たる決断が必要となります。管理会計を導入した暁には、データを取るために投入したコスト以上の利益が戻ってくることは保証します。どうか「急がば回れ」の精神で現場データの取得を推進していただきたいと思います。

3. 管理会計コンサルティングの全体像

　では、次に中小企業への管理会計コンサルティング導入の全体像を見ていきましょう。

　管理会計コンサルティングはデータによって現場を見える化し、会話をしながら業績を改善していく仕組みです。そのため、その導入にあたっては会議体を開催することがメインとなります。また、管理会計コンサルティングは会社の経営課題を解決する処方箋を提供するだけのコンサルティングではなく、実行支援することを主眼としています。そのため、会議体は必然的に、会社の中のすべての階層に及びます。すなわち、社長、経営幹部、従業員となります。会社のすべての階層においてアクションプランを実行することで、改善の実行を担保することが可能となるのです。（図表1-2）

合計売上集計表（上期）

※売上高は税抜　　単位：円

カテゴリ		メニュー名	売価(税抜)	3月合計				4月合計				5月合計			
				販売個数	売上高	売上原価	粗利額	販売個数	売上高	売上原価	粗利額	販売個数	売上高	売上原価	粗利額
カレー	カレー	カツカレー	900	69	53,100	0	53,100	63	56,700	0	56,700	65	58,500	0	58,500
デザート	デザート	アイスクリーム	364	5	1,820	0	1,820	1	364	0	364	1	364	0	364
		もも心	364	11	4,004	0	4,004	7	2,548	0	2,548	4	1,456	0	1,456
		クリームぜんざい	455	3	1,365	0	1,365	2	910	0	910	2	910	0	910
		クリームソーダ	436	1	436	0	436	4	1,744	0	1,744	11	4,796	0	4,796
		ケーキセット	409	1	409	0	409	2	818	0	818	0	0	0	0
		コーヒーフロート	436	1	436	0	436	4	1,744	0	1,744	0	0	0	0
		コーラフロート	436	2	872	0	872	0	0	0	0	1	436	0	436
		ミルクレープ	227	1	227	0	227	2	454	0	454	0	0	0	0
飲み物	200円ドリンク	アイスコーヒー	182	23	4,186	0	4,186	20	3,640	0	3,640	15	2,730	0	2,730
		ウーロン茶	182	9	1,638	0	1,638	4	728	0	728	2	364	0	364
		オレンジジュース	182	5	910	0	910	1	182	0	182	4	728	0	728
		コーラ	182	8	1,456	0	1,456	6	1,092	0	1,092	11	2,002	0	2,002
		ジンジャーエール	182	11	2,002	0	2,002	9	1,638	0	1,638	9	1,638	0	1,638
		ホットコーヒー	182	165	30,030	0	30,030	169	30,758	0	30,758	102	18,564	0	18,564
		紅茶	182	2	364	0	364	9	1,638	0	1,638	0	0	0	0
	アルコール	ウイスキー水割りシング	364	2	728	0	728	0	0	0	0	0	0	0	0
		ノンアルコール	364	5	1,820	0	1,820	9	3,276	0	3,276	4	1,456	0	1,456
		ハイボール	500	33	16,500	0	16,500	7	3,500	0	3,500	0	0	0	0
		観月水割り	364	6	2,184	0	2,184	1	364	0	364	0	0	0	0
		薫酒水割り	364	2	728	0	728	3	1,092	0	1,092	0	0	0	0
		生ビール	500	98	49,000	0	49,000	67	33,500	0	33,500	30	15,000	0	15,000
		酎ハイ	364	6	2,184	0	2,184	11	4,004	0	4,004	3	1,092	0	1,092
		日本酒（2合）	636	10	6,360	0	6,360	5	3,180	0	3,180	1	636	0	636
		瓶ビール	500	3	1,500	0	1,500	0	0	0	0	1	500	0	500
		冷酒（300ml）	773	0	0	0	0	0	0	0	0	0	0	0	0
	ソフトドリンク	アイスコーヒー	364	2	728	0	728	3	1,092	0	1,092	0	0	0	0
		アイスココア	364	1	364	0	364	0	0	0	0	1	364	0	364
		ウーロン茶	327	8	2,616	0	2,616	4	1,308	0	1,308	0	0	0	0
		オレンジジュース	327	2	654	0	654	2	654	0	654	0	0	0	0
		コーラ	327	9	2,943	0	2,943	6	1,962	0	1,962	0	0	0	0
		ジンジャーエール	327	15	4,905	0	4,905	6	1,962	0	1,962	0	0	0	0
		ホットコーヒー	273	39	10,647	0	10,647	39	10,647	0	10,647	20	5,460	0	5,460
		ホットココア	364	6	2,184	0	2,184	1	364	0	364	0	0	0	0
		レモンスカッシュ	364	4	1,456	0	1,456	1	364	0	364	2	728	0	728
		紅茶	273	1	273	0	273	1	273	0	273	0	0	0	0
寿司・もり握り寿司		ミカン	500	12	6,000	0	6,000	7	3,500	0	3,500	4	2,000	0	2,000
		うなぎ押し寿司	1,364	0	0	0	0	0	0	0	0	0	0	0	0
		花寿司	1,500	47	70,500	0	70,500	39	58,500	0	58,500	10	15,000	0	15,000
		月寿司	2,000	7	14,000	0	14,000	9	18,000	0	18,000	0	0	0	0
	生ちらし	上ちらし	1,500	31	46,500	0	46,500	23	34,500	0	34,500	23	34,500	0	34,500
		月ちらし	2,000	23	46,000	0	46,000	13	26,000	0	26,000	6	12,000	0	12,000
		梅ちらし	1,000	63	63,000	0	63,000	51	51,000	0	51,000	17	17,000	0	17,000
単品料理	ライス	ライス	136	1	136	0	136	3	408	0	408	5	680	0	680
		小ライス	91	2	182	0	182	0	0	0	0	0	0	0	0
		大ライス	182	0	0	0	0	0	0	0	0	1	182	0	182
	大盛り	ごはん大盛	91	26	2,366	0	2,366	48	4,368	0	4,368	30	2,730	0	2,730
		めん大盛	136	20	2,720	0	2,720	14	1,904	0	1,904	8	1,088	0	1,088
	その他	おにぎりおかつ丼	136	5	680	0	680	0	0	0	0	1	136	0	136
		おにぎり鮭	136	1	136	0	136	4	544	0	544	9	1,224	0	1,224
		おにぎり梅	136	11	1,496	0	1,496	3	408	0	408	3	408	0	408
		お子様ランチ	727	16	11,632	0	11,632	8	5,816	0	5,816	9	6,543	0	6,543
		チキンバーガー・セット	800	28	22,400	0	22,400	0	0	0	0	0	0	0	0
	一品メニュー	いかげそ揚げ	500	10	5,000	0	5,000	5	2,500	0	2,500	1	500	0	500
		ザンギ	500	38	19,000	0	19,000	27	13,500	0	13,500	10	5,000	0	5,000
		ポテトフライ	364	27	9,828	0	9,828	23	8,372	0	8,372	18	6,552	0	6,552
		ミニサラダ	150	17	2,550	0	2,550	2	300	0	300	5	750	0	750
		厚焼き玉子	600	24	14,400	0	14,400	15	9,000	0	9,000	4	2,400	0	2,400
	夜間メニュー	お刺身盛合せ	2,273	4	9,092	0	9,092	1	2,273	0	2,273	0	0	0	0
		サーモン刺身	636	0	0	0	0	2	1,272	0	1,272	0	0	0	0
		スモークサーモン	545	0	0	0	0	0	0	0	0	0	0	0	0
		とり刺	382	3	1,146	0	1,146	4	1,528	0	1,528	0	0	0	0
		まぐろ刺身	909	0	0	0	0	2	1,818	0	1,818	0	0	0	0
		焼厚	318	4	1,272	0	1,272	0	0	0	0	0	0	0	0
		天ぷら盛合せ	1,364	3	4,092	0	4,092	1	1,364	0	1,364	0	0	0	0
		揚げ出し豆腐	364	0	0	0	0	0	0	0	0	0	0	0	0
		冷奴	273	3	819	0	819	0	0	0	0	0	0	0	0
		カスタム商品	882	35	35,252	0	35,252	23	17,132	0	17,132	5	3,250	0	3,250
定食	単品	エビフライ定食_単品	864	4	3,456	0	3,456	1	864	0	864	0	0	0	0
		シュウマイ	618	0	0	0	0	0	0	0	0	0	0	0	0
		ジンギスカン定食_単品	1,182	8	9,456	0	9,456	4	4,728	0	4,728	0	0	0	0
		とんかつスタミナ_単品	1,000	2	2,000	0	2,000	0	0	0	0	0	0	0	0
		とんかつ定食_単品	864	5	4,320	0	4,320	0	0	0	0	0	0	0	0
		ミックスフライ定食_単品	864	0	0	0	0	0	0	0	0	0	0	0	0
		天ぷら定食_単品	864	1	864	0	864	0	0	0	0	0	0	0	0
	定食	エビフライ定食	1,045	23	24,035	0	24,035	14	14,630	0	14,630	5	5,225	0	5,225
		シュウマイ定食	900	0	0	0	0	0	0	0	0	0	0	0	0
		しょうが焼き定食	900	164	147,600	0	147,600	80	72,000	0	72,000	63	56,700	0	56,700
		じんぎすかん定食	1,364	67	91,388	0	91,388	65	88,660	0	88,660	29	39,556	0	39,556
		とんかつスタミナ定食	1,182	81	95,742	0	95,742	76	89,832	0	89,832	47	55,554	0	55,554
		とんかつ定食	1,045	78	81,510	0	81,510	70	73,150	0	73,150	59	61,655	0	61,655
		にしん	864	0	0	0	0	0	0	0	0	19	16,416	0	16,416
		ほっけ	864	0	0	0	0	0	0	0	0	29	25,056	0	25,056
		ミックスフライ定食	1,045	34	35,530	0	35,530	24	25,080	0	25,080	12	12,540	0	12,540
		普通からあげ定食	864	89	76,896	0	76,896	91	78,624	0	78,624	53	45,792	0	45,792
		天ぷら定食	1,045	29	30,305	0	30,305	20	20,900	0	20,900	12	12,540	0	12,540
弁当	お弁当	松弁当	2,000	13	26,000	0	26,000	13	26,000	0	26,000	4	8,000	0	8,000
		竹弁当	1,273	64	81,472	0	81,472	42	53,466	0	53,466	35	44,555	0	44,555
		特製弁当	1,500	15	22,500	0	22,500	18	26,972	0	26,972	4	6,000	0	6,000
		梅弁当	1,000	67	67,000	0	67,000	70	70,000	0	70,000	28	28,000	0	28,000
麺	細麺	あんかけ焼きそば	800	202	161,600	0	161,600	166	132,800	0	132,800	101	80,800	0	80,800
		ざるうどん	600	7	4,200	0	4,200	7	4,200	0	4,200	5	3,000	0	3,000
		ざるそば	600	21	12,600	0	12,600	22	13,200	0	13,200	21	12,600	0	12,600
		天ざるうどん	1,000	1	1,000	0	1,000	1	1,000	0	1,000	4	4,000	0	4,000
		天ざるそば	1,000	23	23,000	0	23,000	11	11,000	0	11,000	13	13,000	0	13,000
		天ぷらうどん	900	13	11,700	0	11,700	5	4,500	0	4,500	0	0	0	0
		天ぷらそば	900	40	36,000	0	36,000	34	30,600	0	30,600	16	14,400	0	14,400
丼	丼もの	アスパラそば	909	0	0	0	0	0	0	0	0	50	45,450	0	45,450
		うなぎ丼	909	0	0	0	0	0	0	0	0	0	0	0	0
		うなぎ柳川丼	909	0	0	0	0	0	0	0	0	0	0	0	0
		うな丼	2,273	0	0	0	0	0	0	0	0	0	0	0	0
		うな重	2,091	0	0	0	0	0	0	0	0	1	2,091	0	2,091
		エビとじ丼	800	19	15,200	0	15,200	23	18,400	0	18,400	25	20,000	0	20,000
		かつ丼	900	53	47,700	0	47,700	48	43,200	0	43,200	39	35,100	0	35,100
		ハーフうなぎ丼	1,182	0	0	0	0	0	0	0	0	0	0	0	0
		中華丼	727	33	23,991	0	23,991	43	31,261	0	31,261	28	20,356	0	20,356
		天丼	800	54	43,200	0	43,200	56	44,800	0	44,800	26	20,800	0	20,800
合計				2,230	1,781,493	0	1,781,493	1,800	1,416,374	0	1,416,374	1,186	918,853	0	918,853

図表1-1　売上明細表　月別売上集計表（3点セットの一つ）

誤解を恐れずに言えば、ある程度の経験を積んだコンサルタントで
あれば、クライアントの会社の改善ポイントは初回の社長や経営幹部と
のヒアリングでおおよその見当はつけられます。その後、各種フレーム
ワークを用いた戦略策定ワークを行えば、会社の経営改善に向けたア
クションプランの抽出は比較的簡単にできるものです。そして、処方箋
（経営改善計画）もできあがります。しかし、本当に会社に必要なのはそ
のアクションプランの実行です。したがって、コンサルタントが担当す
べきなのは実行支援であり、そのためのノウハウを身につけることです。

　つまり、会社の処方箋が書けることは管理会計コンサルタントの必要
条件ではあるが十分条件ではありません。管理会計コンサルタントに求

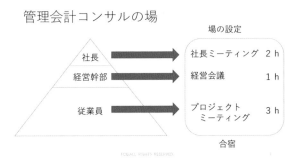

図表1-2　全階層への接触　経営者、経営幹部、スタッフ

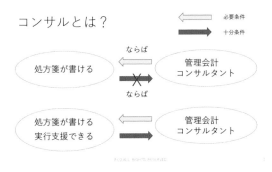

図表1-3　管理会計コンサルの必要十分条件

められる必要十分条件は、「処方箋を書くことができ、かつ、その実行支援ができること」となります。(図表1-3)

　管理会計の導入は以下の手順で行います。

　　Ⅰ　社長ミーティングの開催
　　　　①経営理念とビジョンの構築
　　　　②重要だけど緊急ではない課題に対する相談
　　Ⅱ　経営会議の開催
　　　　①管理会計資料を用いた財務報告
　　　　②重要事項の審議
　　Ⅲ　プロジェクトミーティングの開催
　　　　①プロジェクトメンバーの選定
　　　　②メンバーとの個別面談の実施
　　　　③現場データの選別
　　　　④現場データの拾い上げ
　　　　⑤プロジェクトミーティングの実施
　　Ⅳ　合宿の開催
　　Ⅴ　経営理念発表会の開催

　上記の手順は標準的な導入の場合です。会社の置かれている状況によって順番が入れ替わることもあり得ます。これを図で示すと次のようになります。(図表1-4)

　経営理念とビジョンの構築は社長とのマンツーマンの社長ミーティングで行っていきます。この作業には通常3〜4カ月の時間を要します。月1回の会議を3〜4回繰り返すことで、社長のコアとなる価値観を煮詰めていきます。同時に、1年後、3〜5年後、10年後のあるべき目標をビジョンとして作り込んでいきます。経営理念は、後に見るようにプロジェクトミーティングを実施するうえでとても重要な役割を果たす

コンサル開始時のスケジュール

	1回	2回	3回	4回	5回	6回	7回
社長ミーティング		経営理念・ビジョン			経営相談	経営理念発表	経営相談
経営会議		開始					
プロジェクトM	個別面談	現場データ選択	現場データ収集報告	現場データ収集報告	合宿	Act.Plan発表	現場データAP進捗報告
経営理念発表会						開催	

図表1-4　管理会計コンサル導入日程

ことになります。経営理念とビジョンを作り込んだ後は、社長との経営相談を実施していきます。

　これと並行して、経営会議とプロジェクトミーティングを開催します。経営会議は社長および幹部が出席するもので、財務内容や資金繰り、営業および人事に関する検討事項などを議論します。プロジェクトミーティングは、組織横断的なプロジェクトチームを編成し、それぞれのメンバーが所属する部門の現場データを持ち寄り、報告と議論を重ねていきます。プロジェクトミーティングは管理会計コンサルティングの中核をなします。

　合宿はプロジェクトミーティングを4〜5回繰り返した後に、社長とプロジェクトメンバー参加のもと、丸一日をかけて会社の戦略を練っていきます。3C分析からSWOT分析を経てアクションプランの抽出を行います。

　経営理念発表会は、社長ミーティングによる経営理念とビジョンおよび合宿によるアクションプランを全社員向けに発信する場です。これにより、すべての社員が一つの方向に向かうことができます。また、社長およびプロジェクトメンバーは全社員の前で発表することで、主体的に実践していくモチベーションが生まれます。

管理会計の全体像を表すと図のようになります。（図表1-5）

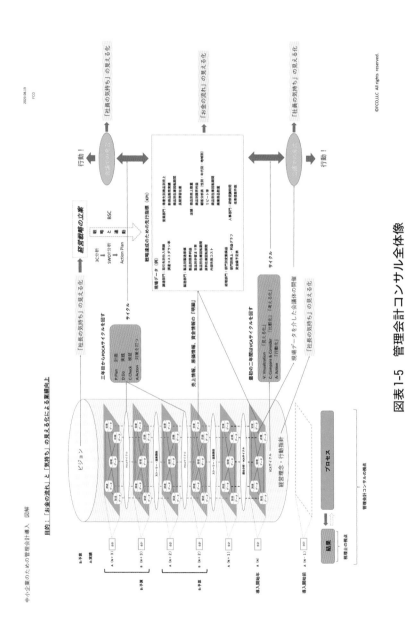

図表1-5　管理会計コンサル全体像

コラム1
中小企業診断士の管理会計への
アプローチ

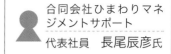

合同会社ひまわりマネ
ジメントサポート
代表社員　長尾辰彦氏

　私は、十数年前に中小企業診断士として活動し始めた。場所は、徳島。中小企業診断士会に入会している人数が四十人ほどという、全国屈指の診断士過疎県である。それは悪いことばかりではない。特に、昨今のように、補助金や給付金が溢れるほど出される時代には重宝される。商工会などの経済支援団体からは、是非支援をといって声をかけていただける。小さな県の中小企業診断士は、ありがたいことに食べていける時代である。

　ただ、それで満足かというとそういうわけではない。事業所に対して、もっと直接関わっていきたいという思いもある。経済支援団体の専門家派遣で食べていけることが、その壁を越えられなくする。顧問契約を取り、直接会社に関わりたいという想いを持っている中小企業診断士も少なからず存在すると思う。しかし、顧問として事業所のコンサルティングに入ろうと考えるときに感じる壁がある。「無料での専門家派遣に慣れてしまうと、お金を払ってコンサルティングを受ける気にならないでしょ」とか、「当面の対処のニーズはあるけど、継続的な支援のニーズを感じている事業所はあるのだろうか」とか。

　いやいや、それは自分が動いていないだけ。もっと言うと、失敗を恐れているだけ。

　全員が参加するコンサルティング、社員みんなが納得しながら取り組むコンサルティングをどうにか取り入れられないものか。模索はもやもやと続いていた。

　そんなときに、この管理会計コンサルの手法を学ぶことになった。私が最も驚いたのは、とことんデータを取ること。そして、そのデー

夕蓄積と会議体での話し合いを愚直に継続すること。また、全体参加の
コンサルが難しいと感じていたことを打開できそうなヒントが、藤本さ
んが体験談として語ってくれたことの中に思い当たった。

　　── 社員も含めて会議を開始してみたが、みんな何もしゃべらな
　　い。長い沈黙が続く。なぜ……？　消極的だから……？　いや、違
　　う。意見を言いたくても、意見を言うためのネタがない。そう、共
　　通に見るデータがないのに、意見を言うわけがない。──

　共通の興味あるデータがあれば、参加者の意見を促すことができ会議
体が動くという可能性は魅力的だった。事実を示す詳細なデータには、
ウソや誇張がない。全員を巻き込みデータを基にディスカッションを促
せるコンサルができる。成果を上げられる可能性が広がる。ピンで動く
中小企業診断士としては、データ取りの時間を作りにくいという言い訳
もあったが、会議体を回している実例を聞いた時、このコンサル手法を
試してみたいと思った。

　当時関わっていた製造業を営んでいる事業所で、この話を持ち掛け
た。工場の日報も、生産個数も、棚卸もない職場だった。全体ミーティ
ングがないのは当然である。片手ほどの作業員しかいない工場だった
が、各工程の毎日の作業を記入してもらうことから始めた。そして、そ
のデータをもらう。自分の時間だけでは、毎日の入力はできないかもし
れないので、工夫をした。以前の職場で一緒だった、子育て中のママに
データ入力を手伝ってもらった。そして、毎月のミーティングを開始し
た。社長が意見を言うわけがないと言っていた作業員は、全員毎回出さ
れるデータを凝視し、意見を出した。時には、本題とずれていることも
あったが、押し黙っている人はいなかった。だんだんと会議体になって
いく様は、内心、感動的でもあった。
　この事業所は、全然違う理由で任意整理をすることになって今は関わ
ることができていない。しかし、ミーティングに参加してくれた方全員

23

の成長が見えた期間は、会社にとっても、自分にとっても無駄ではなかったはずだ。

　今は、管理会計コンサルの手法を使って、次の挑戦に向かっている。事業再構築補助金で申請支援した事業所の、ハンズオン支援に、この管理会計コンサルを使うことを提案している。補助金が採択されたことでほっとしてしまっていては、再構築事業が成功に向かう可能性は低い。再構築事業の定義は今までの事業とは違う事業なのだ。注力せずにうまくいくわけがない。データを取り、会議体を開き、自ら試行錯誤していく。このステップを踏むことで、再構築事業成功の確度を向上させられるのではないか。再構築事業で、管理会計コンサルを使ってできる場面は、あらゆるところに見出せる。有効なデータを取るということに着眼すれば、ボーダレスだ。

　まだまだ、管理会計を武器に戦えているとまではいえないが、コンサルとして戦う術は、日々育っていると感じているところである。

第二章　管理会計コンサルティングの実務

　ここからは、具体的な管理会計導入の方法について見ていきます。導入にあたっては外部の管理会計コンサルタントが担当するという設定にしています。[*2]

1．社長ミーティングの開催方法

　社長ミーティングでは最初に経営理念の策定とビジョンを構築します。経営理念とビジョンについては専用のワークシート（図表2-1）[*3]

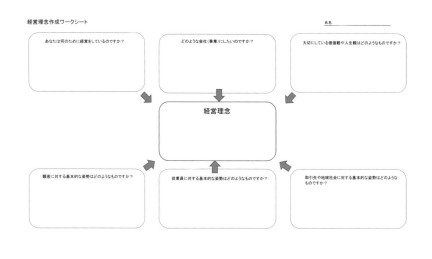

図表2-1　経営理念策定シート

[*2]　社内に適任者がいる場合には、その担当者が推進役となります。

[*3]　経営理念作成ワークシートは、創業塾テキスト『創業の基礎知識とビジネスプランの立て方 ― 第3版 ―』（TKC出版）の経営理念策定シートを用いています。

を使い、社長との対話を通じて作り込んでいきます。経営理念とビジョンが作り込めたら、引き続き、「重要だけど緊急ではない課題」についての相談を受けます。

1）経営理念の策定

　本書では、経営理念を最も大切なものの一つとして位置付けています。経営理念は会社の存在意義を表す言葉です。すなわち会社を作った目的や事業を通して達成したいことを表しています。経営は経営理念に始まり経営理念に終わる、と言っても過言ではありません。会社の中で行われるすべての取引、すなわち調達、製造、販売、アフターサービスや会社内での従業員同士の会話にいたるまで、経営理念に裏打ちされる必要があります。なぜなら、経営理念は会社を貫く価値観であり、存在意義そのものだからです。

　したがって、経営理念の策定は、相応の時間をかけて行う必要があります。大げさに言えば社長という人間存在をその根底から捉えなおす作業なのです。社長の価値観を形成してきたこれまでの歩みを丁寧に聴きとり、それを、コンサルタントの問いを通して有機的に結び付け、一つのストーリーに仕上げていきます。この作業は管理会計コンサルティングの一連の業務の中でも最も大切であり、同時に最も楽しい時間の一つです。

　経営理念は社長の気持ちを表すものです。そのため、社長のコアとなる価値観を丹念に探っていくことになります。ワークシートを見ながら、社長に質問をしていきます。ワークシートは二枚用意し、一枚を社長に渡してヒアリングを開始します。コンサルタントは社長の言った言葉を咀嚼し、キーワードを自分の手元のワークシートに書き込んでいきます。ワークシートは社長の気持ちを６つの側面から分析するようになっているので、コンサルタントは臨機応変に社長に質問を投げかけていくことが可能です。しかし、実際にヒアリングをやってみるとわかり

ますが、最初はなかなか社長から言葉が出てきません。ぽつり、ぽつり
という感じです。以下に実際のコンサル現場を再現してみます。

コンサル　「改めてお聞きしますが、社長は何のために事業をやっ
　　　　　　ているのですか？」

社長　　　「うーん、改めて問われると難しいですねえ」
　　　　　　沈黙
　　　　　　「そうですねえ、自分の生活のためかなあ……」

コンサル　「なるほど。自分の生活は大事ですよね……他にはない
　　　　　　ですか？」

社長　　　「うーん、なんだろうなあ……」
　　　　　　沈黙

コンサル　「それでは、社長が大切にしている価値観や人生観はど
　　　　　　んなものですかね？」

社長　　　「え、価値観ですか？　……何かなあ……」
　　　　　　沈黙

社長　　　「まあ人生なんとかなる、って思っているかな。……」

コンサル　「ほう……なんとかなる、ですか、具体的に言うと？」

社長　　　「浪人時代に苦労していたのですが、いつもなんとかな
　　　　　　るって自分に言いきかせていたんですよね」

　最初の回はほぼこのような感じで終始します。こんな調子で果たして
経営理念が策定し終わるのか不安に思われるかもしれませんが、心配す
ることはありません。回を重ねるごとに社長の言葉は増えていき最終的
にはワークシート全体が文字で埋まるようになります。

　ヒアリングが終わるたびに、「次回までに、引き続き経営理念を考え
ておいてください」と伝えておきます。すると、次回までの１カ月間に
いろいろ考えてきてくれます。２回目のヒアリング時には、前回のワー
クシートを清書したものを２枚用意し、１枚を社長に渡してヒアリング

を再開します。社長は前回の自分の言葉を見ながら、語り始めます。

> コンサル　「前回は、自分の生活のために事業をしているとおっ
> 　　　　　　しゃっていましたが、改めて何か思い浮かびましたで
> 　　　　　　しょうか？」
> 社長　　　「そうですね、自分だけじゃなくて、従業員の生活のた
> 　　　　　　めですかね」
> コンサル　「従業員の生活のため、ですか？」
> 社長　　　「そうです。従業員さんがいてはじめて会社が回ってい
> 　　　　　　ますからね、やっぱり従業員さんが一生安心して働ける
> 　　　　　　場を提供したいですね」
> コンサル　「なるほど。確かに従業員さんがいないと会社は成り立
> 　　　　　　ちませんよね。ところで、社長はどのような方と一緒に
> 　　　　　　働きたいですか？」
> 社長　　　「うーん、そうだなあ、自分から考えて行動してくれる
> 　　　　　　人かな。同じことをやり続けることも大事だけど、なん
> 　　　　　　にでもチャレンジする人がいいですね」
> コンサル　「いいですねえ……他にはありませんか？」
> 社長　　　「うーん、あとは、とにかく明るく楽しく働いてもらい
> 　　　　　　たいですね」
> コンサル　「そうですよね、そういう人がたくさんいる職場はいい
> 　　　　　　ですね。そういうふうに社長が思われるのは何か理由が
> 　　　　　　あるんですか？」

　2回目になると、初回よりは一段深い話が出てくるようになります。コンサルタントは社長の言葉を聴いて、まず受け止めます。そして、適宜質問を投げかけていきます。質問はいわゆるオープン・エンド・クエスチョンで、「他にはないですか？」とか「なぜそう思うのですか？」という質問をします。それによって、社長の気持ちの現れ方がどんどん大きくそして深くなっていきます。社長へのヒアリングのコツはただ一

つです。それは、社長に対して並々ならぬ興味を持つ、ということです。社長という人間がどのような人生を歩んできたのか、何を考えているのかを知りたいと思えば、自ずと質問があふれてきます。「なぜ、そう思うのか?」、「なぜ、そのような決断をしてきたのか?」など、質問を投げかけて社長のコアとなる価値観に近づいていきます。

　一方で社長自身にも変化が現れます。コンサルタントにいろいろな角度から質問を投げかけられそれに答えていく過程で、自分の人生を振り返り、自分自身を再発見していくことになるからです。今までは、漠然と捉えていた自分の性格や行動パターンや考え方、そして価値観がしっかりと捉えられ、自分の中で再構築されるのです。例えて言えば、宙に浮いていたふわふわした価値観が、自分の存在基盤にしっかりと縫い込まれるということです。

　同時に、コンサルタントは社長の良き理解者となります。コンサルタントは社長の言葉を聴き、受け止め、質問をします。その過程を俯瞰して見れば、社長の発した言葉がコンサルタントの体に入り込みコンサルタントの体を通過して関心や興味となり、コンサルタントの言葉として質問され、社長に戻されます。それを受け止めた社長は、自分の心の奥底まで下りてゆき、何かを探り当て、また言葉として発信します。二人の人間の間を循環する言葉が徐々に重なりあい、あたかも一つの構築物のように立体化していきます。いうなれば二人で作り上げた芸術作品として経営理念が出来上がるのです。その時、社長とコンサルタントは一心同体になると言ってもいいでしょう。

　通常、4〜5回程度ヒアリングを繰り返すことで社長のコアとなる価値観にたどり着きます。それを、社長にしっくりくる言葉に変換して経営理念とします。このような過程を経て作り込まれた経営理念はすっかり社長の肚に落ちており、すべての従業員に対して説得力を持って説明できます。一方で従業員は社長のストレートな気持ちを理解することが

でき会社が一つの方向に向いていくことになるのです。

2）ビジョンの構築

　ビジョンとは、社長の10年後、3〜5年後、1年後の具体的な目標です。映像で思い浮かべるほどに具体化することがポイントです。経営理念のもと、将来的に会社がどのような姿になっていたいのかを具現化していきます。そのため、先に10年後の姿を思い浮かべ、逆算的に3〜5年後、1年後を想定していってください。このような考え方をバックキャスティング思考と呼びます。

　ビジョンの作り方はいろいろな方法が考えられますが、管理会計コンサルティングでは経営理念と同時進行で作り込んでいくやり方をおすすめします。先ほど見たように経営理念の策定はとても集中力を要する作業となります。ですので、社長から言葉が出てこないこともしばしばです。そのようなときに、ビジョンという視点を持ち込むことで、気分転換とあらたな発想を呼び起こすことができます。

　また、経営理念策定とビジョン構築は深いところでつながっています。経営理念、すなわち自分の価値観を探すことは自分の生きてきた過去を振り返る作業であり、それは、現在の自分と確かにつながっていま

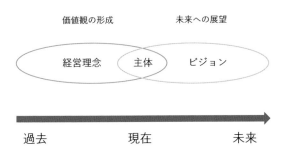

図表2-2　理念とビジョンの関係

す。そして、現在の自分は将来を展望します。つまり、経営理念は過去
にあり、ビジョンは将来にあると言えます。そして過去と未来が交差す
る瞬間が現在なのです。現在は描いた未来を獲得するために存在してい
ます。その意味で、時間軸でとらえれば経営理念とビジョンはつながっ
ているのです。（図表2-2）

　ビジョンはビジョン構築シートを使って作っていきます。（図表
2-3）。経営理念策定と同じように一枚をコンサルタントが持ち、一枚を
社長に渡します。コンサルタントは社長の言葉をシートに落とし込んで
いきます。社長にしてみれば、過去と未来を交互に考えることで程よく
視野がシャッフルされ、思考が活性化してくるようです。

　ビジョン構築しているときに社長から「ビジョンは途中で変えてもい
いのですか？」と聞かれることがたびたびあります。答えはイエスで
す。ビジョンは将来の具体的な目標ですので、変わることはある意味自
然なことです。

ビジョン構築シート　氏名	1年後	3年後	5年後	10年後
売上高				
純利益				
拠点、活動エリア				
ビジネスモデル				
人材、組織				
理想のお客様				

図表2-3　ビジョン構築シート

3) 重要だけど緊急ではない課題への解決に向けた相談

経営理念の策定とビジョンの構築が出来上がったあとは、社長の抱える「重要だけど緊急ではない」課題解決に向けた相談を受けます。

私が今までご支援してきた中小企業の社長の日々の時間の使い方は、ほぼ例外なく以下の図（図表2-4）のような状況でした。つまり、緊急を要する課題への対応時間が全体の80～90％を占めています。その中で①重要かつ緊急を要するものへの対応は当然としても、②の重要ではないが緊急なものへの対応が意外に多いのです。そもそも重要かつ緊急な課題というものはそれほど頻発するわけではありません（それが頻発するようでは会社の存続が危ぶまれます）。ということは、多くの時間を占める「重要ではないが緊急な課題」に社長が対応しているということなのです。

例えば、「店舗の蛍光灯が切れたのですが、どうしたらいいでしょうか？」と聞いてくる社員への対応などです。社長にしてみれば、それくらい自分で判断して欲しいわけですが、真面目な社員ほど社長の判断を仰ぎにきます。また、飲食店で食材が切れた場合に、社長みずから買いに行くということもあり得ます。これなどは、ルーティンワークを持つ

図表2-4　クオリティタイム

ていない社長ゆえに起きる事態と言えます。そもそも社長がルーティンワークを持っていない理由は、社長にしかできない仕事をするためです。しかし、現場で想定外のことが起きた場合に、多くの中小企業ではそれをカバーするための人員がいないため、手が空いている社長がやることになってしまうのです。結果的に社長が緊急時の助っ人のような役回りになって、一日中駆けずり回るということになります。いわば構造的な問題です。

　しかし、そのようなことを繰り返していると、社長が本来やるべき「重要だけど緊急じゃない課題」を解決する時間はほぼ永久に確保できなくなります。そのような課題は社長こそがじっくり腰を据えて考えないと解決できないものです。その筆頭が経営理念とビジョンの構築であり、また、人材教育制度の構築や中長期の経営計画などです。これらがきちんと準備できている会社とそうでない会社では、間違いなく大きな差が生まれます。このような構造的問題を解決するために管理会計コンサルタントを活用していただきたいと思います。管理会計コンサルタントとの社長ミーティングの時間は、強制的にロックされて毎月一回必ず訪れます。その時間を有効に活用してください。

　実際の社長ミーティングでの会話は多岐にわたります。社長の心を整えるための時間でもあり、コンサルタントは社長の気持ちを受け止めます。社長にこの一カ月間に起こった出来事を語ってもらい、聴くことに徹します。事前に経営理念を一緒に作り込んでいるため、コンサルタントは社長の状況をほぼ完璧に理解することができるようになっています。社長の求めていることは何なのかを注意深く探りながら聴いていきます。その結果、社長のお困りごとを聴くだけで社長ミーティングが終わることもあります。日々いろいろなことで忙殺されている社長は知らず知らずのうちにストレスを抱えています。特に、社内外の人間関係においては顕著です。それらを聴いてくれる相手を社長は求めているものです。

ところで、自分の悩みやストレスなどを聴いてもらうのに一番ふさわしい相手は誰でしょうか？　それは、自分のことを一番理解してくれている人でしょう。結婚されている方なら配偶者がベストかもしれません。しかし、配偶者は社長の性格は一番理解されていますが会社のこととなると話は別です。事業形態や社内体制、資金繰りに至るまで詳しく理解されている配偶者は一緒に事業をされている方に限られるのではないでしょうか。しかし、その場合であっても、社内にいるということで客観的な視点で物事をとらえることが難しい場合があります。ということは、一番ふさわしい相手は次のような人物となります。

　　①自分のことを、性格および事業の面で一番理解してくれている人
　　②客観的な視点を持っている人

　この①と②を兼ね備えた相手こそ、管理会計コンサルタントです。管理会計コンサルタントは社長の価値観とこれからの目標を共有していますし、財務のスペシャリストでもあり、かつ、後に見るようにプロジェクトミーティングでスタッフの気持ちも共有している存在です。このような存在は管理会計コンサルタントをおいて存在しないと思います。

　社長ミーティングでは、営業面、人事面、財務面の課題の整理と解決に向けた方向性を検討します。また、合宿で作りあげた社長自身のアクションプランの進捗を確認していきます。

　一般のコンサルタントの多くは社長にのみフォーカスします。つまり、本書で言う社長ミーティングが主なサービスとなります。しかし、管理会計コンサルティングにおいては社長ミーティングの時間は全体の一部を占めるに過ぎません。すなわち三部構成の第一部という位置づけです。

　また、社長ミーティングの内容は議事録にまとめます。議事録につい

ては、ボイスレコーダーを活用します。社長との濃密な時間においては、傾聴することに意識を集中させるため議事録はあとで作成することにします。議事録はボイスレコーダーの発言を一言一句記載するのではなく、要約して箇条書きにまとめていきます。

4）社長とのコミュニケーション方法

　管理会計コンサルティングでは、主体性を何よりも重んじます。それは従業員だけでなく社長にもあてはまります。したがって、コンサルタントから率先して解決策を提示することは原則としてありません。コンサルタントから解決策を提示し、それを実行してもらうことは無意味ではありませんが、それでは会社を強くすることにはつながらないと考えるからです。社長は自らの意志で決断し、実行することでその職責を全うできると考えます。

　では、管理会計コンサルタントの存在意義は何でしょうか？　それは、社長の意思決定に役立つオプション（解決案）を提示することです。ある課題に対して、どのような手を打つべきかを考える場面では、複数の取りうる解決案を示し、それぞれのメリットデメリットを説明します。社長は、自身の解決策とコンサルタントが提示したオプションの中から自分で最適と思うものを選択することになります。そうすることで、最終的な判断は社長が下したことになります。あくまでも主体は社長でありコンサルタントではないのです。

　また、社長さんという人格は多くの場合、否定されることが嫌いです。それだけ、自分の考えや判断に自信を持っています。そのような社長に対峙するコンサルタントはコミュニケーションのスキルを身につける必要があります。と言ってもそれほど複雑なスキルではありません。それは、「まず受け止める」ということに尽きます。社長の言うことに対してまず「なるほど、そうですね」と受けます。そのあとに自分の意見を言うということを徹底します。この順番が極めて重要です。間

違っても「いや、そうではありません」などと頭から否定してはなりません。それが正しいことであっても、です。いや、むしろ正しいからこそ、順番を後にする必要があるのです。

　頭から否定された社長はむっとしてそれ以降、そのコンサルタントの言うことを聞かなくなるでしょう。コンサルタントは懸命に正しいことを伝えようとしているにもかかわらず聞く耳を持ってもらえなくなるのです。こうなってしまってはお互い不幸というものです。目的は、社長に気持ちよく、より正しい判断をしてもらうことです。コンサルタントの稚拙な一言でそれをぶち壊す愚を避けなければなりません。

　また、社長との程よい距離感も大切です。駆け出しのコンサルタントに多く見られる傾向がありますが、とにかく、社長のために、と頑張りすぎることです。毎週のようにメールや資料を送り、電話を掛けるということがあります。開業したてで時間が余っているということも一因です。しかし、これは、社長にとっては有難迷惑なことが多いのです。社長は忙しい日々を送っており、それらに対応する時間はコンサルタントが思っているほどありません。どうしてもコンサルタントに相談したいときには、社長からコンタクトをしてきます。その際に、スピーディに返事することで十分です。一カ月に一回の訪問というサイクルはそのような意味からも理にかなっています。

　まとめると、社長とのコミュニケーションスキルは次の通りです。

　　①解決案のオプションを提示することに徹する。
　　②まず、受け止める。その後に自分の意見を言う。
　　③つかず・はなれず・諦めず、の意識を持つ。

コラム2
「しゃぁちょ〜、ボーナスは〜?」

株式会社田西会館
代表取締役社長
内海太郎氏

1. 社長に就任

　私が社長に就任したのは、今から10年ほど前のことになります。それまで会社の経営自体は毎年の赤字続き。祖父母から両親、そして私へと引き継がれたお店を「なんとかしたい」という強い意気込みだけはありました。しかしながら、その思いはしばらく空回りを続けます。例えば朝礼です。「毎週月曜の朝に10分間集まる」という、たったこれだけのことがなかなか実行できません。まず、決められた時間に従業員さんが集まりません。ようやく集まっても作業の手を止めず、私(=社長です。念のため)がしゃべっている間、あからさまにガチャガチャと音を立てる者さえいました。

　そんな私の力不足を見透かした従業員さんから「しゃぁちょ〜、ボーナスは〜?」と、半期ごとに責め立てられることもありました。「どうにかしたいが、どうすれば……」。こびりついた習慣を打ち崩すことの難しさに直面する日々が続いておりました。

2. 経営理念

　そんな私の愚痴をいつも辛抱強く聞いてくれていた地元金融機関の支店長からご紹介を受けたのが藤本さんでした。2019年からご指導をいただくことになり、真っ先に取り組んだのが「経営理念」の作成でした。

　私にとって経営理念とは「なぜこの会社が存在するのか」という問いに対する社長としての回答です。この問いに答えるためには、どうしても自分自身に向き合うということが必要になります。非常に難問でした。出来上がった経営理念はたった2行の拙いものですが、完成するまでに4〜5カ月ほどかかりました。

その経営理念を従業員さんに伝える機会を設けようと、その当時の全従業員さんを集めて「経営理念発表会」を開催しました。私の両親にも出席してもらいました。途中、思いが込み上げ言葉に詰まる場面などもありました。どの程度従業員さんに伝わったか定かではありません。ただ、この日が、少なくとも私にとって会社経営を行う上での大きな起点となったことは確かです。

3. 管理会計

　経営理念策定と同時に、プロジェクトチームを発足させ社内の課題を洗い出しました。一番の問題はやはり「赤字体質」です。「体質」を改善するためには「習慣」を変える必要があります。真っ先に取り掛かったのが「値決め」の在り方でした。

　それまでは、個々のメニューについて「ざっくり、このくらいの原価がかかっているだろう」という「カン」に基づいて値決めが行われていました。しかし、これでは正確な検証ができません。そこで、個々のメニューの材料費をすべて洗い出し「限界利益」を明らかにするという作業を開始することになりました。

　口で言うのは簡単ですが、これを実行するには膨大で地道な作業が必要です。肉や魚、野菜といった食材のみならず、塩や味噌・醤油といった調味料もどのくらい使用されているのか、これをグラム単位で数値化していきます。大変面倒くさい作業です。たった一つの数値をはじき出すのに何日か費やすこともあります。しかも、この作業をしたからといってすぐに大きな成果が得られるというものでもありません。しかし、「ダイエットは明日から」と言っていては体質改善できません。プロジェクトチームを中心に粘り強く取り組みを進めた結果、少しずつですが見えなかった数字が明らかになってきました。これを基に食材・メニュー内容の変更や価格の見直しを進めていき、いくつかのメニューは「販売中止」という決定をしました。この取り組みは今も継続して行っており、「カン」で値決めを行うことや、安易な値引き・安売りをすることは無くなりました。

　こうなってくると、月次報告として出てくる数字を見るのが少しずつ楽しみになります。何よりも大きいのは、数字を共通言語とした社内コミュニケーションが行えるようになったことです。「体質は着実に改善しつつある。今年はきっと良い成績になるはずだ」という確かな感覚を持ち始めたのが2020年の年明けでした。

4．コロナ禍

　しかし、世の中はそんなに甘くありません。その年明け早々、新型コロナウイルスが世界を覆いつくしました。飲食業として1年でもっとも忙しい月であるはずの3月には連日キャンセルの電話ばかりが鳴り響きました。売上は対前年比7割減という信じられない結果に……。これまでの地道な体質改善が空しくなる日々が続きました。

　ただ、嘆いてばかりもいられません。確かに仕事が減ったことは大きな衝撃です。しかし、現場業務が無くなった分、これまで取り組めなかった課題に向き合う時間ができました。疫病はいつか終わるはず。ならば、来るべきその日に備え打てる手を打つことにしました。

　その一つが「バナー広告」です。プロジェクトメンバーが行っていたアンケートで、「田西会館」という名前から来るイメージ（公共的な施設と思われてしまうこと）などから、とりわけ町外のお客様にとって「飲食店と認識されない」ことがわかっていました。「どうすれば気軽に入店していただけるか？」プロジェクトメンバーを中心に頭を悩ませた結果、お店の前を通る車をターゲットとして、瞬時に「こんなお店だよ！」とわかっていただくための「看板」を設置することになりました。ただ、どこにどのような看板を設置すればよいのか見当もつきません。そこで、プロの力をお借りすることにしました。藤本さんからデザイナーの寺島さんをご紹介いただき、看板設置のプロデュースを依頼。数カ月にわたる打ち合わせを重ね、2020年12月、お店の壁面に大きなバナーが完成しました。このバナーは「当別とんかつ」というロゴと、オリジナルメニューである「とんかつスタミナ定食」の写真を用いたもので、24時間365日黙々と働き続けてくれます。その結果、コロナ禍で

会社全体の売上が大きく下がる中、レストラン部門（お食事処田んだん）だけは売上が伸び続けました。2022年度は過去最高の売上となり、「とんかつスタミナ定食」は常に人気上位にランキングされ、文字通り「看板メニュー」となりました。

5．意識の変化

　2023年5月、新型コロナは5類感染症となりました。3年と3カ月もの間に受けた経済的ダメージは致命傷に近いものがあります。社長たる者、本心をそのまま表に出すべきでないことはわかっています。わかっていますが、将来に対する不安は隠しきれません。

　ただ、その経済的ダメージを覆すような気運の高まりも感じています。社長就任時に定期開催を断念した朝礼は、現在「朝会議」と名称を変えて、私が不在でも毎朝10時から行うことができるようになりました。情報共有はもちろんのこと、「会議」として社内の課題を解決する「意思決定」の場となっています。先ほど述べたような社長としての悩みも包み隠さずお話ししております。従業員さんが会社の数字に関心をもっているからこそ、そのようなことが可能になったと思います。

　以前「しゃぁちょ～、ボーナスは～？」と言っていた従業員さんが、ある月次会議の場で損益計算書を神妙な顔つきで眺めていました。その月はコロナ禍の終わりを感じさせる大変忙しい月でしたが、あと少しのところで利益が出ませんでした。「あれだけ頑張ったのに、利益が出なくて悔しい！」という言葉が彼の口から出ました。私も同じく悔しかったのですが、それと同時にとても嬉しい気持ちが込み上げてきました。管理会計の導入で、従業員さんの意識が変わってきたこと、これが何よりの成果であり希望であると感じています。

２．経営会議の開催方法

　経営会議は、経営幹部をメンバーとして、共有するべき重要項目を議題にして行います。メンバーは、社長、役員クラス、そして経理担当者という組み合わせが基本的な構成となります。

　コンサルタントは議題と発表者および所要時間を明記した進行表をあらかじめ作成しメンバーに配布します。進行表は A4 一枚の簡単なものですが、この進行表があるのとないのとでは、会議の質に大きな差が出るので注意してください。進行表がない場合は、だらだらと会議が続いてしまい、締まりのない会議になります。これでは、集まったメンバーの時間を無駄にすることになります。

　議題は会社によって変わりますが、基本的なものとしては次のようなものです。

1. 社長あいさつ
2. 財務報告　　　　担当者：管理会計コンサルタントまたは経理担当者
3. 営業報告　　　　担当者：営業部門責任者
4. 人事報告　　　　担当者：人事部門責任者
5. その他　　　　　担当者：適宜
6. 社長総括

　営業報告および人事報告は担当責任者がいない規模の会社であれば、それぞれ、営業に関するディスカッション、人事に関するディスカッションという表現で行うと良いでしょう。また、議事進行を担うのは管理会計コンサルタントです。議事録もコンサルタントが書いていきます。議事録作成については、要点を手元のノートにまとめる方法をとります。最初は大変ですが、慣れてくると、会話をしながらノート（もし

くはノートPC）に記載することができるようになります。

　また、社長ミーティングと同様にボイスレコーダーを持参し、あとから、議事録起こしをする場合もあります。この場合も、すべての言葉を文字にするのではなく、要点を箇条書きにしていくようにします

　では、具体的な経営会議の内容を見ていきましょう。

１）財務報告

　財務報告は１カ月の経営成績と財政状態を正確に把握してもらうことが目的となります。経営幹部の方々は数字できちんと経営を把握し、また、外部の金融機関等に数字で説明できるようになることが求められています。そのために、経営会議における財務報告はとても重要になります。とりわけ、わかりやすく説明することが肝要です。財務会計資料を通り一遍に説明するのではなく、管理会計としてかみ砕いて説明することが管理会計コンサルタントの真骨頂です。わかりやすく説明するために管理会計コンサルタント必携の資料がブロックパズルと財務明細表なのです。

　ブロックパズルと財務明細表*4 は以下のようなものです。（図表2-5）、（図表2-6）

　ブロックパズルはコンサルタントの和仁達也氏が考案したものをベースにしていますが、財務の専門家ではない多くの社長や幹部の方が、直観的に財務内容を把握できるものです。ベースとなるのは、費用を変動費と固定費に分解した、いわゆる「変動損益計算書」です。財務会計ベースの損益計算書を管理会計ベースの変動損益計算書に組み替え、さらに、各構成要素をブロック化して図解しています。

---

*4　ブロックパズルと財務明細表は日本キャッシュフローコーチ協会代表の和仁達也氏が考案したものを加筆して作成しています。

　詳細の説明は拙著『中小企業のための管理会計　～理論と実践～』に譲り、ここでは財務明細の使い方について説明します。

　財務明細は、ブロックパズルを費目別に展開したものとなります。また、一年間の月別の明細になっており時系列で一年分の数字を見ることができるようにしています。また、点線から下は、運転資金の状況や借入金返済状況や設備投資の情報となっており、A3のシートにすべての情報が一覧できるようになっています。まさに使いだすと手放せなくなる資料と言えます。和仁達也氏考案の傑作資料ですが、筆者はさらに、製造業バージョンを加えています。また、比較しやすいように昨年の実績をブルーの網掛けで横軸に加えています。また、TKC の BAST から黒字平均企業データも加えています。*5

　ブロックパズルで累計の概要を説明した後に、財務明細で単月の詳細を説明します。費目ごとの説明をしますが、対前年等との比較で大きく増減のあるものは、欄外に差異分析を記載しておきます。そうすることで、何が原因で経費が増減したのかがわかり、経営陣の理解が深まります。ここで、差異分析がない場合は会議が止まってしまうことがあるので要注意です。差異分析はクラウド会計を使用している顧問先であれば、その場で何を買ったか等の明細を見ることができるので、差異分析をあらかじめ行っておく手間が省けてとても重宝します。

２）営業報告および人事報告

　ここでは、営業担当責任者および人事担当責任者から報告をしてもら

---

*5　TKCのBASTはTKC全国会に加盟する職業会計人（税理士・公認会計士）が、その関与先である中小企業に対し、毎月企業に出向いて行う「巡回監査」と「月次決算」により、その正確性と適法性を検証した会計帳簿を基礎とし、その会計帳簿から作成された「決算書」（貸借対照表・損益計算書）を基礎データとしています。なお、これらの決算書は、そのまま法人税申告に用いられています。

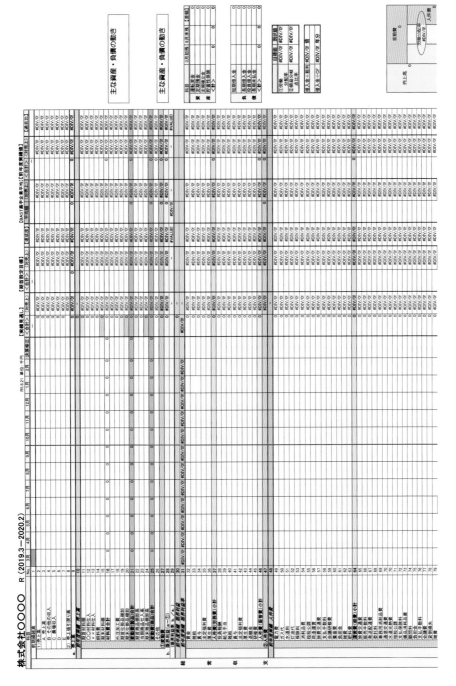

44

※西暦一席広「機略会計STRAC II」の「SRA」表を引用。
※上から開業初年目での#の構造をイメージ化した。

※BAST指標（R1年版）〈○○○○〉○○業
業種名・　1巻ナルヒ〜25億円未満
売上規模・　地域・全国

図表 2-5　財務明細表

（出典：和仁達也氏考案の「1シート・マネープラン」を加筆）

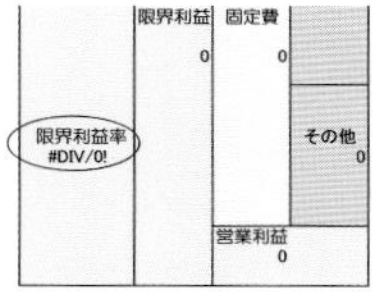

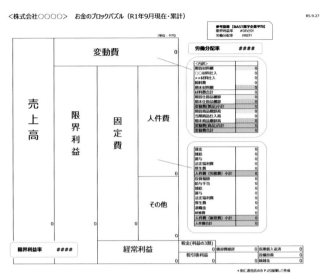

図表2-6　ブロックパズル

(出典：和仁達也氏考案の「お金のブロックパズル」を加筆)

います。中小企業においては、副社長や専務が両方を統括しているケースも多いと思います。一カ月間に起きた報告と決定すべき事項を担当責任者から報告し、それに対して議論していくことになります。経営会議ですので、ここが最終の決定機関となります。

　経営会議においては、会社内における様々な事柄が議論されます。また、会社の将来を左右するような事案についても検討がなされます。とりわけ人事案件などは全社のモチベーションを左右することになりかねず、慎重な判断が求められます。このような場合、多くのケースでコンサルタントに意見を求められますが、ここでも、客観的な態度で対応することが肝要です。筆者が心がけているポイントは、経営理念に照らし合わせてみるということです。経営理念策定に深く関与していることで、会社の軸を見失うことがないように助言することができます。また、日ごろ、プロジェクトミーティングでスタッフの皆さんとも接する機会があるため、人事案件等についても適切なコメントをすることができます。

46

コラム3
管理会計は、データの見える化＋気持ちの見える化＋グラフィック化

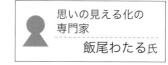

思いの見える化の専門家

飯尾わたる氏

「これはわかりやすい！」「振り返りがラク！」

　会議体の板書でグラフィックを使ってみたら、参加者からはこんな感想が出ました。会議の参加者がホワイトボードを指さしながら、「そこのところがボトルネックです」とか、「それは違います。もっと事態は深刻です」などと状況を説明してくれたりもしますし、社長さんからも「これ写真とっていい？」という反応もありました。これまで言語だけで会議をしていた私が実感した、大きな変化でした。

　管理会計で教わったのは、数字の見える化だけでなく、組織の感情の見える化もするのだということでした。これまでは数字だけ見える化すればいいと思っていた私にとって、感情という"エモーショナル"な領域が管理会計の仕組みの中にある！　ということを教えていただいたのは目から鱗であり、目の前が明るく開けたような気がしました。

　私はこのことを知ってから、もともと得意だったアートのエッセンス
を会議やヒアリングの場に積極的に取り入れることを思いつき、実際に
試してみたところ大きな手ごたえを感じたのです。

　普段ほとんど発言をしない社員さんが意見を出すようになったり、
パートの立場の方も社員さんと対等にアイデアを出し合ったりしてくれ
ました。また、社長さんからも、頭の整理になった、あとで見て納得感
があった、などの感想をいただきました。

　私が特に印象的だったのは、ある会社さんの社内会議です。私がグラ
フィックを入れて板書しはじめると、それまでメモを取るために開いて
いた各自のノートをパタパタと閉じました。これは参加者の意識が、
ノートを取ることではなく会議に参加することに向いたからだと思いま
す。その後、社員さんの会議への参加姿勢や発言が積極的になったのは
もうおわかりのとおりです。

　このことを経験してからの私は、社長さんのお困りごとのヒアリング
や課題抽出会議の板書などでも、機会があるごとにグラフィックを積極
的に使うようにしています。

　当初は、真面目なビジネスの現場でお絵描きなど、と思われるかな？

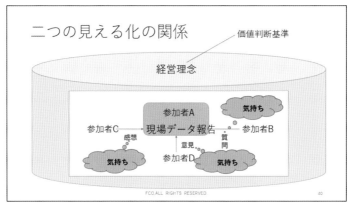

図-1　藤本さんの管理会計説明資料より

と心配していましたがそれには及ばず、とても喜んでいただいています。むしろ、これまでのお堅い会議ムードを打破したい企業さんからは、これが欲しかった！　と言っていただいています。

　先にも書きましたが、私が藤本さんから教わった管理会計コンサルティングで最も印象的だったのは、データの見える化と組織の気持ちの見える化の両方を重視していることです。

　データの見える化はもちろん必要ですが、そのデータを活用して実際に行動するのは人間です。藤本さんから、「中小企業では、命令されてもやりたくないのでやりませんというケースがある」と聞かされたときは、思わず、そうですそうです！　といって頷いてしまいました。なぜなら、かくいう私もやりたくないことはやらない社員だったことがありますから（笑）やるための意欲は無いのに、やらない理由をあれこれ言う意欲はいくらでも持っていたのが恥ずかしいです。

　やりたくない原因を探ってみますと、①それをやると自分にどんなメリットがあるのかイメージできない、②数字に詳しくないので何をどのくらい改善すればいいかわからない、③頭ではわかっているがやる気が起きない、などがあると思います。

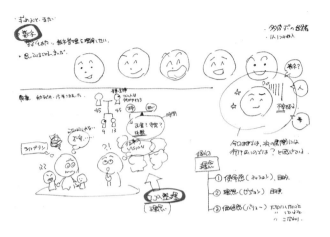

　管理会計で社内データを見える化すると①と②を解消する支援はできます。しかし、原因③については、これを改善していくのに時間とエネルギーが必要です。私にとっては原因③はなかなかの強敵なのです。

　そこで、図-1をもう一度見てみましょう。参加者Aさんが持ってきた現場データに対して、参加者B、C、Dさん達が各々の気持ちをもとに、感想や意見・質問をしています。私はこれを、参加者間で気持ちのギャップを整えて共通認識を図っているのだと解釈しました。

　気持ちのギャップが整うと共感が生まれます。共感が生まれると相互の関係性が整うのでベクトルが揃い、行動したくなるという論文を見たことがあります。ということは、会議体で参加者が気持ちを共有しあい、発言を増やし、場の関係性の質を高めていければ、行動が引き出せるということになるのだと思います。

　そこで、場の関係性の質を何かで高めることができないか？　と工夫した結果、グラフィックやイラストを使って参加者の感情をポジティブに向けていき、共感とやる気を引き出せることを発見しました。私が得意なグラフィックを使っても管理会計コンサルティングができるのだと

実感できたときはとても嬉しく感じました。

　まだ豊富な経験を積み上げたわけではありませんが、グラフィックを会議で使い始めてからは、会議が面白かったという感想が急に増え、社長さん、社員さんが経営課題の改善に向けて行動しやすくなることもわかりました。

　会議内の言語だけのやりとりで、参加者がテーマに沿って一貫した発言を続けるのは困難だと思います。そのかわり、板書やメモにグラフィックが加わると、それを見た人の興味を惹くことができて記憶にも残りやすいためか、行動への意欲が持続しやすいようです。

　会議体にグラフィックをプラスすることで、言語化が得意ではない方でも意見を言いやすくなりますし、理解度も飛躍的に向上します。また、人によって解釈が異なるというダメージも予防することができます。

　課題抽出から戦略策定という、お堅くなりがちな（?!）会議体などでも、参加者の注意を惹きつけて、感情を揺さぶることができます。現場データという、動かせない現実があるからこそ、その対極にある情緒的な発言にも根拠が備わります。十分に気持ちを見える化して共有できるからこそ、その後のアクションプランの実践にも期待が持てるのではと思います。

私の仲間のコンサルタントに会議体でのグラフィック板書を試しても
らったところ、当日の会議内で変化が現れたようで、その効果におどろ
いていました。

　なにも美しいイラストを描く必要はありません。会議でホワイトボー
ドを使うときに、ちょっとアイコンを入れたり、フキダシを付けるだけ
で変化があったそうです。簡単なものなら、だれにでもできると思いま
す。

　私にとっての管理会計コンサルティングは、「データの見える化＋気
持ちの見える化＋グラフィック化」という認識になりました。

　私は今後も管理会計コンサルティングの現場で、現場データをベース
にしたアドリブでグラフィックを描き続けます。これまでの、かしこ
まって眉間にシワを寄せて開催されていた会議体にも、グラフィックと
いうエッセンスをふりかけて、会議体を楽しいものに変えていくつもり
です。

　藤本さんがいつかお話しされていた、「管理会計コンサルはジャズ
セッション、なんでもあり」という価値観を拝借しつつ、ビジネスの現
場に感動をプレゼントしつづけたいと思います。

3．プロジェクトミーティングの開催方法

　続いて、プロジェクトミーティングの開催方法について見ていきます。

　プロジェクトミーティングは管理会計コンサルティングにおいては中心になる会議体です。なぜなら、アクションプランを遂行する主体であるスタッフとの会議だからです。ここでの議論を経て、スタッフが主体的かつ継続的に改善活動を実践していくからこそ会社の業績が改善するわけです。また、コンサルタントにとっては、いかにこのプロジェクトミーティングを回していけるかがポイントとなってきます。メンバーの構成は社長＋プロジェクトメンバーです。

　プロジェクトミーティングについては次のような順序で始めていきます。

　　①プロジェクトメンバーの選定
　　②プロジェクトメンバーとの個別面談実施
　　③現場データの選定と現場データの収集
　　④VCA サイクルの実践

1）プロジェクトメンバーの選定

　プロジェクトミーティングはまずプロジェクトチームを編成することから始めます。プロジェクトメンバーの構成は原則として各部門1名とし、組織横断的なものにします。社長には、あらかじめプロジェクトメンバーの選定について依頼しておきます。選考のポイントは、以下のとおりです。

　　①会社の次世代を担う人である
　　②改善活動に対して前向きである人
　　③各部門から1名選定してもらう

いわば、各部門の次世代のエースを選抜してもらうということになります。これらのメンバーが各部門で動くことによって、会社全体に良い影響を波及させることができます。とはいえ、一筋縄ではいかないのが世の常です。そのような場合でも慌てず根気よくやっていくことが肝要です。

2）プロジェクトメンバーとの個別面談

　メンバーが決まったら次にやることは、メンバーとの個別面談です。コンサルタントとメンバーの初顔合わせになりますがこれには二つの大きな目的があります。まず、第一の目的はメンバーにこれから行う会議の目的を理解してもらうことです。メンバーにしてみればいきなり社長に指名されて何をするのか戦々恐々としている場合が多いのです。個別面談をやることによって、これからやるべきことがイメージできるようになり、初回のミーティングがスムースに行いやすくなります。また、コンサルタントの顔を覚えるという効果もあります。一般に経営コンサルタントという存在はスタッフから見れば「お堅い先生」というイメージがあるものです。それらを払拭することが第一の目的です。

　第二の目的はコンサルタント側にあります。それは、メンバーそれぞれの人となりを大雑把に把握するということです。実は、この二つ目の目的が真の目的と言っても過言ではありません。とはいえ、初対面の人の性格や考え方を大雑把に把握するということは難しいものです。そこで、筆者は個別面談のやり方を工夫しています。ポイントはいかに自然体で話すか、に尽きますが以下に筆者の個別面談を簡単に再現してみます。

【再現スタート】
　　コンサル：「はじめまして、藤本です。お忙しいところお時間を取っていただいてありがとうございます。
　　　　　　　まず、○○さんはこの会社に入社して何年になります

か？」

スタッフ：「今年で５年目になります」

コンサル：「そうですか。５年目ということは仕事の内容はすっかり把握できていますね。では、具体的な今の担当業務を教えてもらえますか？」

スタッフ：「はい。今は品質管理の仕事をやっています。具体的には製品の出荷前検査や内部での製造ロスの管理や外部からのクレーム対応などをやっています」

コンサル：「先ほど、今はとおっしゃいましたが、ということは品質部門の前には何か違うことをやっていたのですか？」

スタッフ：「はいそうです。入社した当時は製造部門にいました。品質管理をやりたいと会社には伝えていたのですが、品質管理を担うためにはまずは製造部門を経験することが必要だと言われたからです」

コンサル：「なるほど。製造部門で何が行われているのかを知らなければ、品質管理はできないですからね。知るための近道は実際に自分で作ってみることが一番ですよね。実際に製造部門を経験してどうでしたか？」

スタッフ：「そうですね、実際に自分でやってみると知らないことだらけでした。なので、もし、製造現場を経験せずにそのまま品質管理に行ってたらとても苦労したと思います」

コンサル：「そうでしたか、では、製造部門に行って良かったですね。ところで、○○さんはこの会社に入る前はどのような仕事をされていたのですか？」

スタッフ：「この会社に入る前は、アパレル関係の仕事をしていました」

コンサル：「アパレルですか？　ずいぶん畑違いの仕事に転身されたように思いますが、転身されたきっかけなどはあるのでしょうか？」

スタッフ：「はい、もともと自然や動物が好きで将来的にはそのような仕事をしたいなあと漠然と思っていたんですよね。それで、前の会社が業績不振になったこともあって、思い切って応募してみました」

コンサル：「はあ、そうだったんですね。今は結果的に自分の好きな仕事をやっているということですね。良かったですね。最後に質問ですが、○○さんはご自分で自分の性格をどのように見ていますか？」

スタッフ：「えっ自分の性格ですか？　そうですねええ……割と優柔不断というかなかなか判断できない場合が多いですね。自分の判断が正しいかどうか自信を持てないというか……」

コンサル：「へえ、そうなんですね。最近では具体的にどのようなことで判断を迷われましたか？」

スタッフ：「そうですね、最近で言うと……」

【再現終わり】

いかがでしょうか？　この会話でだいたい30分くらいは経過します。筆者が質問していることは４つです。

　　①今の会社に入ってからの年数
　　②今の担当業務
　　③前職の担当業務
　　④自分の性格の自己判断

もっと言えば、聞いていることは、

　　①現在と過去の仕事内容
　　②自分の性格について

の二つのみです。

　現在と過去の仕事は誰にでも通用する普遍的な問いです。自分がやっていることを事実ベースでしゃべるのですから、聞かれている方は特段意識せず答えられます。この時間を経ることで、スタッフは自分の仕事内容を過去から今にいたるまで整理でき、また、リラックスする状態になります。コンサル側はそこで語られる内容よりも実はその人の語り方や思考パターンなどを意識して聞いています。

　そのような状況を作ったうえで、今度は、いきなり核心的なあるいは意表を突いた質問を繰り出します。しかし、自分の性格はどういうものかを問われることは、案外、答えやすい質問とも言えます。人は多かれ少なかれ自分の性格を気にしているものですからそれを表現することは難しくはありません。もちろん、主観的な答えなので周りから見た性格とずれることもあるでしょう。しかし、まるっきり正反対ということもないはずです。そこでの答えはコンサル側にとっては貴重な情報となります。今後のプロジェクトミーティングを行うにあたって、進行の仕方や質問の仕方の参考情報となるからです。わずか30分程度の会話ですが、双方のコミュニケーションの壁はかなり取り払われることになります。

　要するに、個別面談の目的は、30分という時間を会話で埋めることによって、お互いの存在に慣れるということに尽きます。難しく考える必要はありません。

3）現場データの選定と現場データの収集

　さて、いよいよプロジェクトミーティングの第一回がスタートします。第一回でやることは、各部門で集計する現場データの選定とその収集ということになります。まずは現場データの選定から見ていきましょう。

現場データの選定は以下の点に留意しながらやっていきます。

①その部門で管理すべき項目のうちで最も重要なデータ
（財務の結果につながるような先行的なデータ）
②データを継続して取れるもの

①の点については、あらかじめ社長面談でも検討をしておきます。データを選定するコツとしては、前述しましたが、「売上の明細」、「原価の明細」、「資金の明細」のいずれかに該当するものを探せば良い、ということになります。以下に再掲します。

- 店舗……商品ごとの売上個数および金額、商品在庫数、顧客アンケート
- 営業……得意先別商品別売上高、商品在庫数
- 製造……製品別原価、歩留り一覧、在庫回転数
- 品質……内部・外部クレーム数、失敗コスト
- 総務……時間外勤務時間数、研修受講数
- 調達……調達コストダウン一覧
- 開発……新商品開発数、開発時間、開発コスト

これらの中からその会社が置かれている状況に応じて、選択することになります。もちろん上記以外の現場データでも構いません。コツとしては、まず、プロジェクトメンバーから意見をもらい検討していくことにします。なぜなら、メンバーの主体性を大切にしているからです。仮に、メンバーの選定したデータが社長やコンサルの推すデータではない場合はそのデータに加えて社長が推すデータを追加してもらうと良いでしょう。

②の点については、今までの経験から言うと、上記のデータはすべて会社内で継続して取ることは可能です。しかし、そのデータは生の元

データという場合が少なくありません。つまり、それらの元データを加工して一覧表を作るとなると別問題です。とりわけ、店舗の売上データなどはその典型例となります。店舗の売上データはレジにあります。最近は Air レジなどのようにレジデータを CSV データなどにして吐き出すことが可能です。そのデータを加工して商品ごとの月別一覧表を作成しますが、この作業を会社内でやることは難しいと思います。筆者の場合は提携しているシステム担当者に一覧表までの加工作業をマクロに組んでもらっています（図表2-7）。売上データ以外のデータであれば比較的簡単に会社内で加工できるものが多いという印象です。

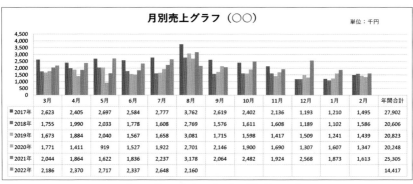

	3月	4月	5月	6月	7月	8月	9月	10月	11月	12月	1月	2月	年間合計
2017年	2,623	2,405	2,697	2,584	2,777	3,762	2,619	2,402	2,136	1,193	1,210	1,495	27,902
2018年	1,755	1,990	2,033	1,778	1,608	2,769	1,576	1,611	1,608	1,189	1,102	1,586	20,606
2019年	1,673	1,884	2,040	1,567	1,658	3,081	1,715	1,598	1,417	1,509	1,241	1,439	20,823
2020年	1,771	1,411	919	1,527	1,922	2,701	2,146	1,900	1,690	1,307	1,607	1,347	20,248
2021年	2,044	1,864	1,622	1,836	2,237	3,178	2,064	2,482	1,924	2,568	1,873	1,613	25,305
2022年	2,186	2,370	2,717	2,337	2,648	2,160							14,417

図表2-7①　売上明細表（棒グラフ）

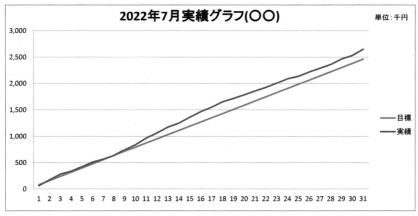

図表2-7②　売上明細表（折れ線グラフ）

合計売上集計表（上期）2022年3月～2022年8月

〇〇

単位：円

カテゴリ	メニュー名																					総合計			上期合計		

図表2-7③　売上明細表（売上集計表）

現場データの選定と収集は管理会計コンサルティングの肝と言っても
いいほど重要です。プロジェクトミーティングでVCAサイクルを回し
ていくと実感しますが、現場データがあることで、会社の状況が客観的
かつ定期的に把握できるようになります。ただ単にデータを見ているだ
けではないか、と思われるかもしれませんが、「継続は力なり」で数字
が頭の中に入ってくるようになります。その効果の具体的な内容は次に
見ていきたいと思います。

４）VCAサイクルの実践

　ここからは、プロジェクトミーティングの二回目以降のVCAサイク
ルの実践について見ていきたいと思います。

　まず、コンサルタントの心構えや立ち位置から説明したいと思いま
す。最も気を付けなければいけないポイントは、「会議の間をつなごう
としない」ということです。会議を円滑に回さなければいけないという
意識が働くと、どうしても間を埋めたくなります。間ができそうになる
と、コンサルが場をつないで会話がとぎれないようにしてしまいがちで
す。しかし、そのようなことは一切不要です。むしろ、間があることが
重要です。その理由はいたってシンプルです。それは、間ができること
が自然だからです。

　プロジェクトミーティングはあらかじめ作られた脚本もなければシナ
リオもありません。その場で出てきた数字を初めて見る、という場で
す。ですので、よどみなく会話が続くことはあり得ません。ある人は、
ただ黙ってその数字を認識しているだろうし、またある人は疑問が浮か
んでいるかもしれません。そのような間は実は多様で豊饒な空間なので
す。コンサルはその場に溶け込んで、メンバーの一員となって、その場
にいます。そして、疑問があれば報告者に質問しますし、疑問がなけれ
ば、他のメンバーに意見や質問がないか確認します。つまり、コンサル
はなるべく自分のコンサル色を払拭して、メンバーと同化するというこ

とが重要なのです。例えて言えば、樹木の葉の上にいると体が葉の色に変化する保護色の昆虫のようなものです。

　さて、では、具体的にプロジェクトミーティングの方法を見ていきたいと思います。プロジェクトミーティングも経営会議と同じように、A4サイズ1枚の議事進行表を作成します。

　進行表のひな形は以下のようなものです。

　　1．社長あいさつ
　　2．財務報告　　　担当者：管理会計コンサルタントまたは経理担
　　　　　　　　　　　　　　当者
　　3．○○部門報告　担当者：部門のプロジェクトメンバー
　　　　　　　　　　　⋮
　　6．○○部門報告　担当者：部門のプロジェクトメンバー
　　7．社長総括

　このような進行表にそって開催していきます。以下、順に説明していきます。

　①財務報告
　財務の報告は最初に行います。これによってその月次の経営状況が把握できます。ここでは、経営会議と同様にコンサルタントがブロックパズルと財務明細表を使って説明していきます。ただし、ここで注意が必要です。それは、プロジェクトメンバーに対してどこまで財務情報を開示するかということです。財務情報を共有することは管理会計コンサルティングの場ではとても重要な要素です。プロセスの結果としての財務数値を共有することなくして管理会計を機能させることは難しいと言わざるをえません。しかし、とはいえ、すべての財務情報をくまなく開示する必要性があるかどうかという点では会社の置かれている状況や経営

者の考え方によって変わってきます。

　例えば、費目別に細かく開示する必要性がないと判断される場合もあります。プロジェクトメンバーが数字にあまりなじみがなく、財務明細のような数字だらけの表を見るとかえって混乱するというようなケースが考えられます。そのような場合にはブロックパズルのみを用いて、全体の利益構造を理解してもらうことに注力します。また、ブロックパズルだけの場合でも注意が必要な場合があります。例えば、人件費の内訳などが欄外に表示される場合に役員報酬を開示するかどうかという点です。経営者の中には自分の役員報酬を開示したくないと考えるケースもありますので、そのような場合には役員報酬を人件費に含めて開示するなどの工夫が必要です。

　いずれにしても、財務の利益構造を理解してもらうことが一番重要なことなので、まずはその点を心がけて説明することが肝要です。ブロックパズルを説明する際に筆者が実践していることを紹介します。

　ブロックパズルにおいて重要なことは改めて言いますが「限界利益の概念」を理解してもらうということです。限界利益という言葉は財務会計にはないのでスタッフはもとより経営者も初めて聞く言葉というケースが圧倒的です。しかし、ここを理解することなく経営成績を把握し分析することはできないという概念です。詳しくは拙著の『中小企業のための管理会計　〜理論と実践〜』の第五章を参照していただくことにして、ここでは、その核心にだけ触れておくことにします。

　まず、会社のすべての費用は「変動費」と「固定費」のいずれかに分類されます。変動費とは売上の増減に比例して増減する費用のことをいいます。例えば、パン屋さんであれば小麦粉やバターなどの原材料と包装資材費が該当します。

　いま、アンパンの売価が一個300円でその変動費が90円とします。アンパンの売上が一個から二個に増えれば売上高は600円となり、必ず変動費は二倍の180円になります。このように変動費は売上と比例的な関係にあるために、変動費＝売上高×変動費率、という式で表されます。アンパンの変動費率は90円÷300円＝0.3です。また、売上から変動費を引いたものが限界利益となります。アンパンでは300円－90円＝210円となります。

　つまり、限界利益率は210円÷300円＝0.7ということです。この関係を式で表せば次のようになります。

　　売上高×限界利益率＝限界利益
　　売上高×（1－変動費率）＝限界利益

　次に固定費を見ていきます。固定費は読んで字のごとく固定的な費用となります。つまり売上の増減に比例しない費用項目となります。パン屋さんの例では、店の家賃や機械設備の減価償却費などです。これらの費用は売上がゼロでも発生します。変動費は売上がゼロであればゼロ円ですのでここが大きな違いです。

　さて、変動費も固定費も会社の費用です。この費用は売上から賄うことになります。売上から変動費と固定費を払った残りが会社の儲けとなります。ここで考えてみてください。売上がゼロの場合でも固定費は発生します。ということは、少なくとも固定費分は稼がなければ赤字となります。しかし、売上を増やせば今度は変動費も増えます。ですので変動費を支払った残りの金額で固定費を賄う必要があるということになります。

　つまり「限界利益から固定費を支払って残った金額が利益となる」ということなのです。ここを理解してもらうことが一番重要なポイントとなります。筆者のコンサル現場では、毎月ブロックパズルを説明したあ

とにプロジェクトメンバーに実際に手を動かしてシミュレーションしてもらっています。「今月の利益は100でしたが、利益を200にするためにはいくらの売上高が必要でしょうか?」というような質問をして時間をとって計算してもらいます。最初はなかなか手が動きませんが、繰り返しやっていくことで正解を導けるようになります。また、限界利益一覧表などを作成して共有していく過程で、普段の会話の中に「限界利益」という言葉が出てくるようになります。こうなればしめたものです。その企業の利益改善は継続的に行われていく環境にあると判断していいでしょう。

②部門報告

　この部門報告がプロジェクトミーティングのメインとなります。担当メンバーは、集計して表やグラフにまとめた現場データを報告することから始めていきます。表やグラフにまとめる際には、当月の数字だけでなく期首からの推移がわかるようにすることがポイントです。数字は比べることでより有用性が増してきます。対前年の差異や予算との差異も同様です。できるだけ時間軸を長くとることで効果が増してきます。

　報告者は当月の数字を読み上げることから始めていきます。その際には、前月との差異分析をしておき一緒に報告できるとなお効果的です。差異分析は、イ)差異の明細とロ)その原因について報告すればいいでしょう。

　報告を聞いている参加者は適宜、質問や意見を言います。その際には、心理的安全性が担保されていることが肝要です。心理的安全性とは、端的に言えば自由にモノが言えるという雰囲気のことを言います。単に、雰囲気のいい場ではありません。むしろ、忖度なく思ったことを言える場のことであり、その発言によってそのメンバーが不利益を被らないという組織文化のことをいいます。会議の場ではあえて発言をせず、会議が終わったあとで本音を言うといったことではそれこそ時間の

無駄というものです。

　心理的安全性を担保するためには、会議の冒頭にコンサルタントから、この会議の意義を繰り返し伝えることが重要です。また、そのうえで、会議中のすべての発言はいったん肯定的に受け入れられることを証明することが必要となります。筆者のコンサルティング現場では、どのような発言も「そうですね、その発言の意味は○○ということですよね」と受け止めるようにしています。そうすることで、参加者は何を言っても受け入れられる場であると理解し発言のハードルが下がります。

　管理会計コンサルティングの本質の章でも触れましたが、人は会話をすることが本来的に好きな動物なのです。その意味では、しゃべった内容も重要ではありますが、むしろ、"しゃべったこと自体"に意味があるのです。それは、その場に居場所があるということだからです。何をしゃべっても受け入れられるということは、その人の存在自体を受け入れているということにほかならないからです。「意味のあることをしゃべらないといけない」、と構えてしまうと論理的な判断しか受け入れられない窮屈な場となってしまいます。そのような場ではその人の全存在を受け入れた場とはなりません。論理だけでなく、感情つまり気持ちの発信が自由にできる場こそが重要なのです。そのような場から主体性が芽生え、そして新たな発想で物事を捉えていくことができるのです。

　ここで、実際にコンサルティングの現場であった場面を紹介しましょう。そこは、老舗の仕出し料理店でレストランも経営している会社です。ある日のプロジェクトミーティングで、レストランメニューの限界利益一覧表を確認していたところ、一つだけ飛びぬけて限界利益率の低いメニューがあることがわかりました。それはカツカレーでした。他のメニューの限界利益率はおおむね65％あたりでしたが、カツカレーだけ54％と10ポイント以上も低かったのです。その原因はカレールーに

ありました。カレールーを外部から仕入れしていたのです。疑問に思った筆者が「なぜ、カレールーを外部から仕入れているんですか?」と問うと明確な答えが返ってきません。実は社内でカレールーを仕入れていることが共有されていなかったのです。重ねて「カレールーはコックさんがいるのだから社内で作れますよね?」と問うと社長から「その通りです。さっそく社内で作るようにします」ということになりました。

　さて、翌月の会議です。

　　　筆者(以下C):「カレールーは社内で作るようになりましたか?」
　　　社長(以下P):「いや、それが……まだできてないです」
　　　C:「なぜですか?」
　　　P:「洋食のチーフの○○さんが反対するんですよ……」
　　　C:「えっ!　反対してるんですか?(しばし絶句)」
　　　　　「なんで反対してるんでしょうか?　理由は?」
　　　P:「それが、カレールーを作る時間がない、忙しいんだ、と」
　　　C:「忙しい、ですか。確かに今まで作ってなかったものを新たに
　　　　　作るわけですから手間は増えますけどねえ。ただ、限界利益は
　　　　　低いわけで……」
　　　P:「そうなんですよ、それはわたしからも説明したんですけども、
　　　　　頑としてはねつけられまして……」
　　　C:「うーん、そうなんですね……困りましたねえ」

　というような状況になりました。限界利益率が大幅に低いという事実が明らかになり、さらにその解決策も実現可能という状況で、さらに、社長からの指示にもかかわらず「NO」と言えるチーフ。まさかこのような展開になるとは想像だにしていなかったので本当に驚きました。

　さて、このような状況で筆者はどのように対応したでしょうか?　結論から言いますと「何もしない」でした。つまり、今まで通りカレー

ルーを外から仕入れるという判断をしました。その理由はいたってシンプルです。仮に、チーフを呼んで理屈で説き伏せることをしても事態は動かないと思ったからです。むしろ、逆効果でますますチーフは意固地になることが予想されました。人は説得されることが嫌いです。社長にさえ NO と言ったことをコンサルタントの言葉でひっくり返すことは考えづらいと思ったのです。それならば、とりあえずは引き下がって様子を見ましょう、ということにしたのです。

　さて、この出来事には続きがあります。2〜3カ月後のことですが、チーフがカレールーを作ると言い出したのです。理由は定かではありません。しかし、チーフなりに状況を理解したのだと思います。カレールーを作ることで手間は確かに増えるけれど、カレーがコンスタントに売れている現状を鑑みれば、週に2回の仕込みで定期的に補充すれば回っていくことやなにより限界利益が増えることの意味を理解されたのではないかと思われます。また、チーフはプロジェクトメンバーではなかったので、自分がいないところで決定されたことに不満があったのかもしれません。「なんで、俺ばかりが忙しくなるんだ！」という感情的な反発があったのかもしれません。しかし、その反対意見が通り、少し冷静になる期間を経て、考え直したということかもしれません。

　いかがでしょうか？　このような場面は大企業では考えられないことです。社長からの指示は絶対で NO などと言える隙間は全くありません。それでも言うとしたら会社員生活を賭けるくらいの出来事となります。一方、中小企業においてはありがちな話ではあります。大企業では自分の代わりはいくらでもいますが、中小企業では担当者が一人しかおらず担当者に頼らざるを得ない、という事情もあります。

　しかし、このような回りくどい意思決定プロセスを経ることによって得られたものがあります。それこそは「主体性」に他なりません。チーフは自ら進んでカレールーを作ると言い出したのですから、その継続性

は担保されています。また、自分から言い出したことでより美味しいものを作ろうという意欲も湧いてくるのではないでしょうか。

　このようにプロジェクトミーティングではいろいろなことが起きます。ですので、それに対応するマニュアルはありませんし、作りようもありません。その場で起きることをすべて受け入れて柔軟かつ臨機応変に対応することが求められます。「しかしそれではなんでもありのカオス状態ではないか」と思われるかもしれません。しかし、そうではありません。なぜならそこには「現場データ」があるからです。決して嘘をつかない客観的事実としてのデータがあるために、会話の出発点と終着点が明示されており、カオス状態に陥ることを防いでくれるのです。いわば現場データの始発から終着までの時間と空間を自由に旅するようなものなのです。

　③経営理念との関係性
　次にプロジェクトミーティングと経営理念との関係性を見ていきたいと思います。経営理念はプロジェクトミーティング時の価値判断になる、と説明しましたが、その具体例を見ていきます。プロジェクトミーティングでは現場データを見て会話をすることになりますが、場合によっては、正反対の見解が出てくることがあります。しかも、そのどちらも理論的には正しいというケースです。

　実際にあった例を見ていきたいと思います。現場データはケーキの在庫回転日数です。ある種類のケーキの在庫回転日数が約一カ月ありました。そこで、筆者が質問をしました。

　　筆者（以下Ｃ）：「このケーキの在庫は一カ月分ありますが、多すぎませんかね？」
　　担当課長（以下Ｍ）：「いいえ、多すぎることはないと思います」
　　Ｃ：「なぜですか？」

M：「このケーキはいつ注文がくるかわからず、しかも、注文が来
　　るときには大口の注文が多いのでこれくらいの在庫を持ってい
　　ないと、注文に応じられず欠品となってしまうからです」
C：「なるほど、欠品になったら困りますよね……」
M：「はい、そうなんです」
C：「しかし、一カ月も在庫をするとなると……保存方法はどう
　　なってますか？」
M：「冷凍しています」
C：「そうなんですね……」

　いかがでしょうか？　在庫が多すぎるのでは？　と問う筆者は、在庫
管理の基本である「必要な最低限の数量を在庫で持つ」という考えから
質問しています。一方で、課長は欠品リスクを回避することを主張して
います。この双方の主張は正反対のことを言っていますが、理屈で考え
ればどちらも理があります。さて、どうしたものでしょう？

　ここで登場するものが経営理念です。

C：「ところで御社の経営理念はなんでしたっけ？」
M：「良い商品をお客さまに届ける、です」
C：「そうですよね、良い商品とは何ですか？」
M：「まず、美味しいということです」
C：「ですよね。では、在庫の話に戻りますが、一カ月も冷凍保存
　　したケーキは美味しいのでしょうか？　冷凍保存しないものと
　　比べたらどうですか？」
M：「冷凍しない方が美味しいです」
C：「そうですよね。だったら、在庫は多すぎるってことになりま
　　せんか？」
M：「はあ、そうですね……」

いかがでしょうか？　理屈ではどちらも正しい場合に、どちらかを選ぶとなると、そこには価値判断が必要になります。その価値判断基準こそ経営理念にほかなりません。このケースでは、在庫を冷凍保存しない範囲で持つ、という意志決定がなされました。しかし、それを実現するためには、欠品のリスクを回避する必要があります。欠品は受注予測ができていないことに起因します。つまり、営業サイドでの情報収集と調整作業を強化することで回避することが可能となりました。その際には、営業部門での顧客別商品別の売上データがものを言います。過去の実績データがあれば、今後の受注予測もおおよその見当がつけられますし、相手との調整もしやすくなります。

　このように、経営理念はプロジェクトミーティングでの会話の価値判断基準となります。経営理念があることで、一貫したぶれのないアクションプランが遂行できるのです。

④社長総括
　最後に社長からの総括をもらうようにします。会議中も社長からの発言はあるのですが、そこでは主に質問をしてもらうようにしています。なぜなら、そこで指示をしてしまうと結論が出てしまい、他のメンバーの発言が誘発されないことが想定されるからです。ですので社長には会議中はあえて質問中心に抑えてもらい、最後の総括の場面で指示をするという形式をとります。また、最後に社長から総括をしてもらうことで、会議全体の振り返りや全体的な課題なども見えてきます。これは社長にとっても現状の整理ができるために好評です。また、最後に社長に総括してもらうことで会議全体が締まるという効果もあります。

　最後に、VCAサイクルはいつも必ず回るわけではありません。開始してしばらくのミーティングでは、今まで共有していなかったデータが見られるので、どの数字を見ても新鮮でいろいろな反応があります。しかし、しばらく経つと見慣れてきてデータに大きな変化がない場合など

は、何も反応がなくスルーされるケースもしばしばあります。それでは
わざわざ会議を開いている意味がないではないか、と思われるかもしれ
ません。しかし、実はそこにも大きな意味があるのです。

　その意味とは、「何も大きな変化がなかったことが確認できた」とい
うことです。つまり、大きな変化がなかったということは、正常値で
あったということであり問題がないことを確認できたということです。
しかし、データを見なければ正常であるか否かは確認できません。知ら
ないうちに悪化していることも考えられます。

　このように日々動く現場のデータを毎月見える化して、メンバーで確
認し、議論していくという作業を地道に根気よく継続していくことで業
績は必ず好転していきます。

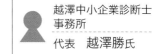

越澤中小企業診断士
事務所
代表　越澤勝氏

「大きな気づき」のきっかけは、「高松で旨い酒と肴とうどんを楽しもう！」と、大学時代に同じ釜の飯を食った藤本さんに悪の誘いを受けた時だったか？

　私が中小企業診断士になって約18年。これまで企業コンサルティングというよりは、新たな事業、取り組みに挑むための事業計画書策定を、たぶん100社超、一方で、経営状況が思わしくない、借入金が予定通り返せない企業の、いわゆる経営改善計画策定を、こちらも100社近く支援してきた。その支援の場において重視してきたのは以下の項目である。

①まずは定量面と定性面での現状分析を行い、問題点や課題を企業側が、そして自分自身が深く認識し「腹落ち」する（させる）こと
②定量面の現状分析では決算書だけでなく、その結果に至ったプロセスがわかる「各種データ」の記録を現場で集めてもらうこと
③定性面の現状分析では、経営者及び現場のヒアリングの場において、それぞれの立場で「本音」を語ってもらえるように心がけること
④その上で、問題解決や課題克服となる具体的なアクション・プランを、あくまで企業側の意志、覚悟として「時間をかけて」検討してもらうこと
⑤もちろん計画策定だけにとどまらず、改善に向けてのアクション・プランや事業実行まで伴走、「支援を続けて、確実な成果を出すこと」

　しかしながら、これらの目論見は結局以下のような状況に陥り、十分な成果を得られないことが多い。

　　①経営者にそもそもの問題点や課題を十分に「腹落ち」させられていない
　　②経営者や現場が「具体的なデータ」とは何なのか分からない、もしくはそのデータは記録されておらず、作成に時間がかかり、事実を反映したものか疑わしい、さらに税務面のサポートをしている税理士等に依頼してもらってもなかなか具体的なものは出てこない
　　（本当は依頼していないのかもしれないが……）
　　③経営者や現場から「先生、先生」と呼ばれながらも、警戒心や恐怖心なのか？　なかなか腹を割った話をしてもらえない、「本音」が語られない
　　④計画されたアクション・プランが実行されるまでに「時間がかかる」
　そしてその結果、
　　⑤後ろ向きの取り組み意欲や非協力的態度により支援が終了してしまう

　といったことが続くと、「これが俺の実力なんだな……」と思いつつ、心の奥底に漠然とした疑問が引っかかっていたというのが正直なところであった（こんな時は常連の店で独り酒にて管を巻く……）。
　そんな時、藤本さん主宰の「管理会計コンサルタント協会」が提唱する管理会計手法に触れることとなり、その長く心の奥底に横たわっていた「引っかかり」を解消していく糸口を発見したのである。
　その管理会計手法に沿って気づいたことを列挙するならば、

　　①に関しては、経営者に「腹落ち」させるために「気持ち」を「見える化」することが必要、そのためにまずは経営理念やビジョン

を徹底的に確認、場合によっては再検討しなければならないということ

②は、そもそも具体的な「現場データ」は目に見える形で存在していないことが多く、それを「見える化」する作業が必要なこと

③は、安易に「先生」と呼ばれる関係性ではなく、自分がどのような立場、目的、役割を持った人間なのかを理解させ、安心させて「本音」を語らせ（＝心理的安全性）、そこから経営者や現場自らを「考える化」させること

④は、「社長ミーティング」（マン・ツー・マン）、「経営会議」（社長＋経営幹部）、そして「プロジェクト・ミーティング」（社長＋プロジェクト・メンバー）の「３つの会議体」を通じて、経営者だけでなく現場全員が実践しなければならないことを明確化し、「時間」をかけて「行動化」させること

以上が重要であり、その結果として、

⑤本来の意味での「伴走支援＝自律化・自走化」をお手伝いして企業の活性化を達成できる

ということになる。

そしてその糸口が更なる確信へと変わったのは、2022年６月「管理会計導入セミナー in 香川」のオブザーバーで高松へ向かう JR 車中、ネット検索していて見つけた、一橋大学名誉教授延岡健太郎氏が提唱するフレームワーク、企業が創出する「統合的価値」を説明する「SEDAモデル」であった。

「モノからコトへ」と言われて久しいが、時代や価値観の変化に伴い、市場・消費者のニーズも常に変化し、一方で技術の進展により製品やサービスの、性能・品質・創造性・ブランド力などに大差がなくなるコモディティ化が進む中、「機能的価値」だけでなく「意味的価値」を、そして「問題提起」だけでなく「問題解決」も合わせて訴求すること、

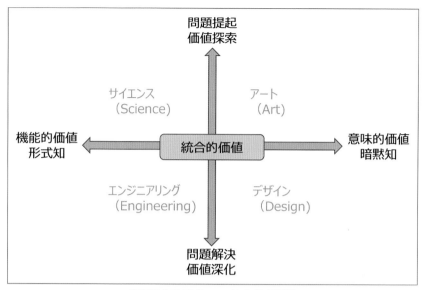

【SEDAモデル ── 統合的価値】

(出典：『一橋ビジネスレビュー2017年 SPR. 64巻４号』「特集論文Ⅱ　顧客価値の暗黙化」延岡健太郎著)

すなわち「統合的価値」を創造することが重要と「SEDA モデル」は主張している。

　では自分自身が中小企業診断士としてコモディティ化されないために「管理会計コンサルタント」が提供する「統合的価値」を解釈してみるとどうだろうか。

　A：機能的価値×問題提起＝Science サイエンス

　　会計の「機能的価値＝データ分析」を使って、定量面での現状を把握することにより、問題点や課題を抽出する「問題提起」を行う。**ここで重要なのは従来の「財務データ」のみの財務分析だけでなく、プロセスの結果としての財務数値である「現場データ」を抽出することでプロセスに内在する課題を見つけ出し改善していく契機とすることである（お金の「見える化」）。**

B：機能的価値×問題解決＝Engineering エンジニアリング
　　組織の「機能的価値＝３つの会議体」を駆使して、経営者だけでな
　く現場スタッフすべてが問題点や課題に対する現実的かつ主体的な
　解決策、アクション・プランを導出する「問題解決」を行う。「現
　場データ」が介在するからこそ現場の心理的安全性が担保され、部
　門横断的なコミュニケーションが促進、予定調和でない自由な会話
　が生まれ、自分事としてアクション・プランを実行することができ
　る（社長と現場の「考える化」「行動化」）。

C：意味的価値×問題提起＝Art アート
　　企業の本質的な「意味的価値＝経営理念」、すなわち経営者の気持
　ちである、企業の存在意義・目的・志や商品・サービスに込めた想
　いを改めて再検証し、現状とのギャップに対して「問題提起」す
　る。「経営理念」が社内で共有され、同時に「行動指針」を明文化
　することによりチームとしての価値規準が共有できる（社長の気持
　ちの「見える化」）。

D：意味的価値×問題解決＝Design デザイン
　　企業の「意味的価値＝顧客ニーズ充足」が実現可能となる具体的な
　商品・サービス（商品パッケージ、レシピ）をデザインする。「経
　営理念」と「行動指針」が合致するためには経営者と現場スタッフ
　の相互理解が不可欠であり、その結晶がその企業にしか生み出しえ
　ない商品・サービスとなる（社長と現場の気持ちの「見える化」）。
　　藤本さんのコンサル事例では、ルーが内製化された「カツカレー」
　や「本ずわい甲羅盛り」に該当するのではと。

　富山から高松まで乗り換え３回、所要約６時間、そこそこの長旅だっ
たが、セミナーやその後の懇親会で藤本さんの豊富なコンサル事例や中
小企業診断士、税理士、そして様々な知見を持つコンサルタントの皆さ
んの多方面でのご活躍状況をお聞きしながら、今後自分が上記Ａ～Ｄの

ポジションを縦横無尽に行き来する「管理会計コンサルティング手法」のイメージを明確化できた１日であった。

　ちなみに高松の夜２軒目は地元中小企業診断士に案内いただいたオーセンティックなバー「BAR 足袋」、その人気メニュー「自称日本一のカルアミルク（といえば岡村ちゃん、名曲です！）」は「日本一でありたい」と想うマスターが考案したものと推測するが、メニューブックに記載された「オーダーをいただいてから豆を挽きます」の文言、そして写真の通り、グラスの中に氷はなく、外側から冷やす方式のため、コーヒーの香り・苦み・風味は時間がたっても薄くならないというこだわり！　さらにそれを運んでくるスタッフの接客の素晴らしさに一発でノックアウト！　まさに社長と現場の気持ちの結晶、チームで作り上げたピカピカに輝く一品である。この辺は理屈じゃないんだよなー。

　そんなことをカルアミルクのアルコールで酩酊しながら、カフェインによる覚醒状態で気づくことができた、やっぱり「飲みニケーション」は大事ですね！

【BAR足袋　自称日本一のカルアミルク】

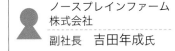

ノースプレインファーム
株式会社
副社長　吉田年成氏

　当社は、北海道のオホーツク海側にある、人口3500人ほどの小さな町にある牧場です。

　酪農を営みながら、乳製品などの製造販売を35年ほど行っています。

　酪農は、当然ですが農業経営です。コストをかけて生乳や子牛などを生産し、その販売で利益を得る事業です。当社は、そこに本来の酪農の形態である製造や営業という役割の部署が加わり、社内で相互的に関わる形で事業を行っています。

　さて、当社のような小さな会社に、管理会計などという難しそうなツールを導入する必要はあるのでしょうか。なくても潤沢な資金があれば、なんとかなるかもしれません。

　ですが、限られた経営資源で事業を長く継続させるには、それがあったほうがいい、というよりは、管理会計の考えがなければ難しいでしょう。管理会計は、当社のような小さな会社こそ、導入すべき手法と実感しています。

　その管理会計の導入とは、申請や登録ではありません。自分たちがやるだけです。すでにシステムとして整っている大企業とは違い、手を動かし時間をかけて整えていく作業を始めるということです。難しいと思ったときは、迷わず外部コンサルタントにアドバイスを受けることをお勧めします。

　同じ会社内といえども役割が違う各部署が、同じ方向を向いて仕事をするのは必須です。

　ややもするとバラバラになりがちな部署割組織には、共通の理解が重

要ですよね。

　日々の仕事でいっぱいいっぱいな現場に、いきなり管理会計をやるぞ、と言っても負担が大きく、データではなく不満の収集になるでしょう。

　当社の場合、朝が早い農場や、午前中に製造が集中する乳製品工場や菓子工房、製品ができてからの検査と、日中のお客様対応がメインの営業と総務、ピークタイムがずれる各部署を繋ぐのは、ズバリ内線電話が最適です。

　でもそれは過去のことで、内線電話で自分の都合の良い時に相手に電話をしていたら、全体最適とは言えません。長い間それが当たり前としてきましたが、改善のために、社内の情報共有のツールとしてグループウェアを導入。現場の手が止まらないよう、事前に情報を共有したり確認したりできる仕組みにしました。万能ではないとしても、内線電話にかかりきりという状況は解消できました。

　現場作業に集中できるようになると、管理会計のためのデータ収集を始められます。

　私がいた製造現場では、出来高の集計すらなかったので、製造数、投下原料数、作業時間、歩留、在庫、原価、生産高情報の収集と、それを利用した分析を進めていきました。

　これらの情報をグループウェアで社内共有し、店舗や営業の売上、農場の生産高、品質管理の検査結果やクレーム情報、そして管理部の財務会計情報を見える化することで、経営判断の根拠ができました。

　無駄なコストは削減、必要なことにはお金をかける、言うのは簡単ですが、それができるのは判断材料があるからです。

「現場データの見える化」なぜそのようになるかの追求ができるようになると、社員の行動がよい方向に向かい、活性化し、業績向上の好循環が生まれます。続けるポイントは面白がること。自然環境を眺めるのと

同じように、好奇心を持って観察し、発見し、調べて試す。実行による改善を実感できれば、働き方改革をしなくても休みや給料が増えるかもしれません。

　近い将来に、AIが経営判断のツールになるでしょうから、今集めている管理会計データは若い社員たちに役立つでしょう。小回りの利く小さな会社ほど、有効なものになると思います。

コラム5-2
効果が見えるとやる気が上がる！
（歩留改善1％をお金に換算）

ノースプレインファーム
株式会社
ミルクプラント工場長
酒見典秀氏

「歩留87.40％」これはのむヨーグルトの年間平均歩留です。

　社内の様々なデータ取りを始めて数年、検証できるだけの数字が揃った頃に会議で藤本さんから次のような指摘を受けました。
「牛乳の歩留は94％あるのにのむヨーグルトは低すぎるのではないか？」
　私としては大きな変動もなく歩留を一定の範囲内に収めていたことから安定した製造が出来ていると自負していました。こんな私に対して藤本さんは蓄積したデータから具体的な検証を始めます。のむヨーグルトの歩留が改善された場合の効果をシュミレーションして数字で説明してくれたのです。１％の歩留改善が会社に与える効果を見て正直驚きました。今まで感覚でとらえていたものが具体的な数字で突き付けられたのです。
　すぐに工場へ持ち帰って従業員に周知、改善に取り掛かりました。製品移送後に残るライン内のロスをどう回収するかがポイントとなり、牛乳で行っているエアー押しを採用。今まで行っていなかったのは作業の手間が若干増えるのと既存の設備ではエアーが届かなかったのが理由です。手間と言っても作業的に５分もかかりません。設備もエアーのホースを長いものに交換するだけの簡単な改善です。たったこれだけのことをやらなかったのは改善で得られる効果を把握できていなかったからだと思います。
　実際にこの改善で歩留は96％と劇的に向上しました。これは今まで廃棄していたロス分から年間13,963本ののむヨーグルトを生産することが出来るということでした。製造原価で100万円を超えてくる金額です。行動を起こさなければ今も年間100万円を廃棄し続けていたのだと

思います。会社の運営は日々の改善による積み重ねが大事だと痛感させ
られました。また、行動を起こすうえでデータ収集による裏付けがとて
も重要だと再確認できた一件でした。

４．合宿の開催方法

１）合宿の意義と開催内容

　ここからは、合宿の開催方法を見ていきます。合宿とは経営戦略策定ワークを経てアクションプランを導出するためのミーティングのことです。合宿の結果導出されたアクションプランは経営戦略にリンクした中長期的な改善項目といえます。一方、プロジェクトミーティングでの現場データの管理はどちらかというと短期的な改善項目です。短期的な改善項目だけでは、中長期の改善項目が落ちてしまう可能性がありますので、それを補うものが合宿によって導出されたアクションプランということです。なお、合宿と呼んでいますが、とくに宿泊する必要はありません。概要は次のとおりとなります。

- ①参加メンバー
  - ▪社長
  - ▪経営会議メンバー
  - ▪プロジェクトミーティングメンバー
- ②開催場所
  - ▪社外の会議室等が望ましい
- ③開催時間
  - ▪標準的な時間：９時〜15時（途中昼食休憩）
- ④必要なもの
  - ▪白の模造紙10枚程度
  - ▪75 mm の正方形のポストイット（複数色で強粘着タイプのもの）
  - ▪壁紙を傷めない両面テープ
  - ▪ホワイトボード、マジック
  - ▪筆記用具（人数分）
- ⑤事前準備
  - ▪模造紙を会議室の壁に貼る（上下二枚を一組にして５組程度）

合宿を始めるにあたって、ホワイトボードを用いて簡単なガイダンスを行います。経営戦略ワークは3C分析→SWOT分析を行いますが3C分析に一工夫加えています。それは、顧客分析の次に商品・サービス分析をすることです。顧客とは商品やサービスを購入してくれる人達であり、顧客と商品・サービスは表裏一体の関係にあります。ですので顧客分析を行ったあとに商品・サービス分析を行うことにしています。さらに、それぞれの分野の分析をする際には、現在と新規という二つの側面を加えています。(図表2-8)

　こうすることで、後のアクションプランを導出する際に、新商品の開発という項目が入りやすくなります。

　ガイダンスが終われば早速3C分析を始めていきます。ポストイットには一項目を一枚に書いてもらうようにします。例えば、現在の顧客であれば○○商事という名前を一枚のポストイットに書いていきます。なお、顧客数が多い場合には、販路のカテゴリーなどを書いていけばいいでしょう。卸売チャネル、ネット販売、直販チャネルという具合です。

　一通り書き終わったころ合いを見計らって、ひとりずつポストイットを模造紙に貼っていってもらいます。この時、書いたものを読み上げながら貼ってもらうようにします。その際、コンサルはその名前を復唱す

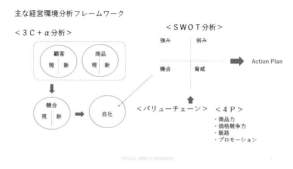

図表2-8　合宿フレームワーク

るようにします。次の順番の人は前の人と同じ名称等がある場合には、そのポストイットのすぐ下に自分のポストイットを貼るようにします。そうすることでグルーピングが自動的に行えます。

　全員のポストイットが貼り終わったら、メンバー全員を模造紙の前に集めます。そこで、今一度、どのような結果になったかを整理しつつ共有していきます。こうすることでメンバーの記憶により留まることになります。

　現在の顧客の書き出しが終わると次は新規顧客を思い浮かべて書いてもらいます。ここは、各人の主観で結構です。実現可能かどうかにとらわれずに自由に発想していきます。「将来、こういうお客様と取引したい」というお客様を書いてもらいます。こうすることで、後に行う新商品や新サービスのヒントにつながっていくのです。書き終わったら、同じ工程を繰り返していきます。

　このようなサイクルを顧客⇒商品・サービス⇒競合と繰り返していくと、だいたいお昼ごろになります。昼食休憩をはさんで、午後は自社分析を開始します。自社分析はSWOT分析によって行います。ここでは、強み、弱み、機会、脅威の順に行っていきます。模造紙一枚ごとに強み、弱み、機会、脅威を貼り付けていくようにします。それぞれのパートが終われば、全員に模造紙の前に並んでもらい整理しつつ共有することを繰り返していきます。また、機会と脅威については不慣れな分野でもありますので、作業に入る前に若干の補足を行います。いわゆるPEST分析を説明します。すなわち、P：Politics（政治）、E：Economy（経済）、S：Society（社会）、T：Technology（技術革新）という分野から考えてもらうように促します。

　SWOT分析が終わればいよいよアクションプランの導出ということになります。アクションプランの導出が最終目的ですので、今まで行っ

てきた3C分析＋SWOT分析はいわば長い前振りと言えるかもしれません。しかし、この長い前振りこそが重要なのです。これを経ることによって、今後、自社が実行すべき事柄が浮かび上がってくるのです。この過程を飛ばして、いきなりアクションプランを考える場を持ったとしたらどのような結果が出るかは想像に難くないでしょう。筆者の経験からも、この過程を経れば確実にアクションプランの束が出てきます。

　今までの過程を経て、参加者の頭の中には様々な情報が整理されています。顧客や自社商品および競合の分析、そして自社の内部環境や外部環境の分析も行ってきています。そして、今後自社が行っていくべき改善項目についてもある程度の整理ができています。コンサルタントからは「今まで、さまざまな検討を行ってきました。その結果、自部門や他部門で実践すべき課題が浮かび上がってきていると思います。それをアクションプランとして書き出してみてください。アクションプランはまず自部門でやるべきことを書いてください。その後に他部門でやるべきことを書いてください」というトークで開始します。

　また、ここで一つ書き方の工夫がありますので紹介しておきます。アクションプランのポストイットの右上に、数字とアルファベットをそれぞれ一つずつ選んで書いてもらいます。加えて自分の名前も書いてもらいます。数字とアルファベットの意味は次のとおりです。

数字：優先順位を　　1　↑
　　　　表す　　　　2　　高い
　　　　　　　　　　3

アルファベット：　A　↑
難易度を表す　　　B　　高い
　　　　　　　　　C

　例）1C……優先順位が一番高く難易度が一番低い⇒すぐにでも実践可能
　　　3A……優先順位が一番低く難易度が一番高い⇒中期的な課題

株式会社○○　1部アクションプラン（2021年4月14日実施）

担当 A／B／C　　難易度 1／2／3　　優先度→　　○：メイン　△：サブ

No	優先度	難易度	社長	H君	C君	G君	D君	F君	E君	A君	I君	B君	部門	内容	期日	進捗状況・目的
1	1	C					○						環境整備	情報発信力、宣伝力　(Dさん,1-C)		
2	1	C							○				環境整備	お花当入する。(Eさん,1-C)		
3	1	C						○					厨房	スイーツメニュー拡大　(Fさん,1-C)		
4	1	C							○				サービス	調理現場をあけます、案内を充実。法事などで、人気が多い時は調理現場からとめてもらう。(Eさん,1-C)		
5	1	C			○								サービス	ツイッター・インスタ　(Cさん,1-C)		
6	1	B		○									サービス	より速達の希望に沿った接客を目指す。(Hさん,1-C)		
7	1	B		○									厨房	皆が喜んでくれる料理　(Hさん,1-B)		
8	1	B								○			厨房	おいしい料理を出す・衛生面、体調、自家栽培、原価低下・従業員勤務体系、把握、送迎してくれる人が欲しい。(Aさん,1-B)		
9	1	B				○							サービス	営業発信力のアップ　(Gさん,1-B)		
10	1	B										○	環境整備	明太子なくす。(Bさん,1-B)		
11	1	A			○								経営・人事・経理	時間を基礎に基づ連絡努力／仕事の組み合わて／トップの組織整備　(Cさん,1-A)		
12	1	A	○										経営・人事・経理	経営計画作成　(社長,1-A)		
13	1	A						○					開発	新しい物販（おみやげ）開発、設備購入　(Fさん,1-A)		
14	1	A			○								経営・人事・経理	宴会場内のモニター設置　(Cさん,1-A)		
15	2	C								○			経営・人事・経理	連絡体制　(Aさん,2-C)		
16	2	C										○	経営・人事・経理	チャレンジのぬ　(Bさん,2-C)		
17	2	C				○							経営・人事・経理	兼間で人力による移動・店事を利用してくれたら、(10万円~1時間飲など) (Gさん,2-C)		
18	2	B	○										経営・人事・経理	毎月一回の個人面談（1日1人）(社長,2-B)		
19	2	B							○				環境整備	電動自転車を使い空気の押す　(Eさん,2-B)		
20	2	B									○		サービス	駐車場有の看板を持ちエコロ、駐車案内。(Eさん,2-B)		
21	2	A							○				開発	ベジタルスイーツ考案　(Eさん,2-A)		
22	2	A			○								厨房	感動してくれる料理　(Cさん,2-A)		
23	2	A					○						サービス	何かー一つ色の雰囲気な合物を作る。(Dさん,2-A)		
24	2	A					○						サービス	高齢者者、料理、定期配送の確認　(Dさん,2-A)		
25	2	A								○			サービス	若い世代を取り入れる為に、情報力と発信力、行動力。(Bさん,2-A)		
26	3	C								○			経営・人事・経理	勤務体制把握、更新作業を決める。(Aさん,3-C)		
27	3	C	○										環境整備	きれいな掃除機　(社長,3-C)		
28	3	B	○										開発	トイレ増築　(社長,3-C)		
29	3	B							○				開発	町内からの注目を受けるメニュー開発　(Eさん,3-B)		
30	3	B						○					サービス	退勤化社会サービスに合うサービスを作る。(Dさん,3-B)		
31	3	B			○								サービス	愛される企業：町中での清掃活動。(Cさん,3-B)		
32	3	A									○		環境整備	除菌の徹底。(Eさん,3-A)		
33	3	A				○							サービス	デパート以外の物産展でのアピール　(Gさん,3-A)		
34	4	A									○		開発	高校生向けメニューの提案（インスタ映えするもの等）町内案内を巻き込んで、新メニューを作成する。(Eさん,4-A)		

図表2-9　アクションプラン一覧

図表2-10　アクションプラン一覧

　このような工夫をすることで、アクションプランのまとめを効果的に作成することが可能となります。優先順位と難易度ごとの一覧表を作成して参加者に配ることで、その後の進捗管理が可能となります。（図表2-9）

　また、アクションプランを模造紙に貼る際には、あらかじめその会社のバリューチェーンを書いておきます。担当者はバリューチェーンの該当箇所にポストイットを貼っていきます。こうすることで、会社のさまざまな部門のアクションプランが視覚的に認識できるようになります。一つもアクションプランのない部門があれば、追加で検討することにします。（図表2-10）

2）アクションプランの進捗管理方法

　アクションプランの進捗管理は毎月のプロジェクトミーティングにおいて実施していきます。各部門の担当者は発表の際にまずアクションプランの進捗状況を発表し、ついで現場データの報告をします。ここで、一つ注意点があります。アクションプランの進捗は中長期的な事柄も多く含まれており、毎月進捗があるわけではありません。担当者によっては「今月は手を付けられませんでした」という報告もあり得ます。

　このようなケースでは、筆者は「そうですか、それでは、また来月

報告をお願いします」と軽く受け流しています。ここで、「なぜできなかったのですか?」というような詰問はしないようにしています。なぜなら担当者はなまけて手を付けられなかったわけではないと判断しているからです。実際、担当者は次回までになんらかの実践をしてくれます。このようにあえてスルーするということも管理会計コンサルティングの場では必要なことです。それが、長い目で見た場合に主体性を担保することになるからです。

コラム6
歌って踊れる経理マン

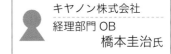

キヤノン株式会社
経理部門 OB
橋本圭治氏

　私は、カメラや複写機等を造っているキヤノンという会社（以下、Ｃ社と呼ぶ）を5年前に定年退職し今は自由気ままに第二の人生なるものを楽しんでいるただのオヤジである。そんなある日、かつてＣ社経理部門で同じ釜の飯を食い、今でも仲良くさせてもらっている藤本さんから、この本にコラムを書かないかと依頼を受けたので、分不相応ながらお引き受けさせてもらった次第である。

　内容としては、Ｃ社において私が歩んできた経理マン人生の振り返りである。なので、極めて個人的な話であり、また、Ｃ社の自慢話だと思われる点もあるかもしれない。しかし、基本的にはこの本の読者であろう管理会計を志す人を意識しながら書いたつもりである。よって、その読者に少しでも参考になったり、何等かの示唆を与えるようなことがもし出来たならば、それは私にとってこの上なく光栄なことである。

　思い起こせば四十数年ほど前、事務系新卒の多くがそうだったように私も最初の配属面談で、商品企画や市場戦略といった派手目でカッコ良さげな部署を希望した。しかし、世間はそんなに甘くはなく会社人生を終わってみるとその全てを経理部門に捧げることになった。

　入社当時の経理部門に対する私のイメージは、簿記会計のスペシャリスト、性格的には緻密で数字に強く保守的な集団という一般的なものであった。実を申せば、私は経済学科卒業であるにもかかわらず簿記会計の知識はゼロ、性格は大雑把でいい加減、その上、仲間をまとめて騒ぐのが大好きな人間だったので経理部門には不適正だと自覚していた。ややもすると毛嫌いすらしていた。しかし、そんな私の気持ちは全く無視され初配属先は地方工場の経理課であった（この辞令をもらった時のショックは今でも忘れられない）。

　だが、私はそこで衝撃的な経理マン（私の指導役の経理主任）を知っ

た。先ずその人の電卓の打ち方に圧倒された。人差し指一本でまるで機関銃のように連打し、その速さたるや残像が残るくらいであった。タテヨコの手書きの表をあっという間に集計し間違いが一つもない、まさに職人技の世界である（残高試算表等も算盤か電卓で集計するので大仕事だった時代）。

　更に驚いたのは彼の夜の顔。アフターファイブになると当時流行していたカラオケスナックによく連れられて行った。そこでは、プロと言ってもおかしくない彼の歌いっぷりに、関係ない他のお客さんが万雷の拍手を送っていた。そればかりか、女性客からはチークダンスのリクエストもあったりして、彼はまるでその場のスターのようだった。

　その経理主任がある時私に告げた一言がその後私の座右の銘となったのである。

「経理で成功したいなら"歌って踊れる経理マン"を目指しなさい」

　まさに彼はその実践者だったと思う。会社では上司や現場のお偉方も一目置くほどの経理センスと現場知識を持ち合わせていたし、それでも傲らずに丁寧に対応していた。そして、用事がなくともしょっちゅう現場に行っては管理職や作業者とも歓談し信頼関係を築き活きた情報を得ていた。更には、仕事以外でも先に言ったように、非常にお酒と歌が好きであり、各方面から引っ張り凧の人気者だったようだ。

　彼を知ったことで、それまでの経理マンのイメージが一変し、いつしか彼のような"歌って踊れる経理マン"になることが私の会社人生の大きな目標となった（結果的にそうなれたかどうか分からないが私なりに満足はしている）。

　C社の場合、経理課長クラスになれば製品事業部や関連会社の経営トップの参謀役として位置付けられる。参謀役とは、トップが様々な経営上の判断をする時に相談し助言を求める相手である。期待されている助言は、税務／財務／会計等の経理方面の単純なルールや数字だけではない。もっと幅と厚みを持ち、示唆を含んでいるものだ。そうなると、開発／製造／販売等の事業特性や課題に精通し、また、人事／法務等の

経理周辺知識を広く深く身に付けていないと期待に応えられない。要するに経理のスペシャリストではなく、経営のジェネラリストとしての資質が求められるのである。しかし余程のスーパーマンでない限りそれには限界がある。そこでこれを補う上で最も重要となるのは、関連部門/関係者とのコミュニケーション力、言い換えれば良好な人間関係を築けるかどうかであると思う。あの経理主任が神の啓示のように言ってくれた "歌って踊れる経理マン" とはまさにこのことであると理解している。

入社当初あんなに嫌っていた経理部門で私が36年間も勤まったのは、幸いにしてそこには "歌って踊りまくる" 経理マンが多数存在し、更には情熱的で自由奔放で中には野伏のような者までいて、一般的概念の経理マンとはかけ離れた奴ばかりだったからだろうと思う(そんな奴等の一人藤本さんは仲間を集めて "経理維新の会" というのを立ち上げ活動をしていたらしい)。

私は定年までに海外含め10カ所の経理部門を渡り歩いた。そしてどの勤務先でもほぼ例外なくそこの経営トップに言われたことがある。「どうしていつも経理課には経理らしくない人間ばかりくるんだ。酒は強いし、遊び好きだし、野放図だし」そう言われながらも、そのトップに信頼され周りからも愛されていた経理マンが本当に多かった。

ところでC社経理部門の際立った特徴として言えるのは定年までに平均10回程度の頻繁な異動であろう。大きく分けると、本社経理、事業部経理、海外販売会社経理、国内海外生産会社経理の4つが主な異動先になる。そして、このカテゴリー間を数年に一度の割合で異動を繰り返す。異動していくうちに雪ダルマのように大きく成長していくだろうという、ある意味強引でなおざりな人材育成方針である。一方で、人を育てるという意味では非常に即効的で有効性のある制度だとも言える。

例えば、入社10年前後迄にはほぼ全員海外にある販売会社か生産会社に異動する。英語圏なら未だしも、中国語やスペイン語を話さないと仕事にならないような現地会社に行かされると大変である。先ずは語学を勉強し風土知識や国民性、歴史もある程度は身に付けなければ公私と

もコミュニケーションができないからである。大抵の場合、現地会社の日本人経理マンは一人で経理を含む管理部門全域を担当するので、指示待ちで決められたことしか出来ない輩ではとても務まらない。しかし、4〜5年そこで頑張ることが出来た経理マンは業務の幅も人間の幅も間違いなく格段に大きくなって帰って来た。

　私は30代半ばに上記のような立場でメキシコにある販売会社（よりによって、一度破綻し再生スタートする会社だった！）で勤務していた。当時の職務は、経理は当然として人事、総務、法務、物流、IT、債権回収の責任者であり、そして、社長の参謀役であった。先ずは、必死になってスペイン語を覚え、その覚束ない言葉と得意の"歌って踊る"コミュニケーションをフル活用しながら、数カ月で社内部門の現地マネージャー、及び現地取引先トップからも受け入れられ信頼も得ることが出来た。それからは社長も厚い信頼を寄せてくれたので二人三脚体制の下、見事に軌道にのせることが出来た。今振り返ると、そこでの時間が私の会社人生で最も輝かしく、そして、楽しかったように思える（実は、藤本さんもほぼ同時期にパナマの販売会社に勤務していたが、現地社長の信任が厚かった彼は会社移転計画をぶち上げ、なんと彼の住みたかったマイアミに移転させてしまったのだ！）。

　さて、ここでC社経理部門が組織的また機能的にいかに重要で経営の要になっていたかを整理しておきたい。

　かの経営の神様、松下幸之助は言った、「経理は経営なり」と。C社の経営トップは知ってか知らずかこの言葉どおり経理組織と経理の仕組みを経営の根幹に置いている。

　C社経営戦略の中心的柱はマトリックス経営である。縦軸にカメラ、複写機といった製品事業部をとり横軸になるのは各国販売会社、生産会社組織である。その縦軸横軸にはそれぞれ経営のトップがいてそれぞれの経営活動の権限と責任を持つ。そして、本社組織がグループ全体を束ね指揮を執る。この経営マトリックス上のすべての経営トップの下に参謀役として経理部門が置かれている。これを見ればC社経理部門がどれ

だけ重要視されているかを知ることが出来るだろう。

そのマトリックス経営の主軸になるのが予算管理制度である。経理部門が主導権を持ち年間4回の予算編成をする。その都度グループ最高責任者から予算編成方針が打ち出され、それを受けた経営マトリックス各軸の責任者が実行方針を出し、更にそれを受けた各部署単位で売上、経費、原価予算が策定される。この予算積み上げに当たって、各部署は上からの目標や方針を金額的にも内容的にも達成できるよう、末端の人間も含め総掛かりで知恵を絞り議論を重ねるのである。そうやって積み上がった各事業及び各会社予算は本社経営会議で審議了承され、その後実行予算となる。このように国を問わず事業を問わずグループのトップから末端の人間まで真摯に年4回も取り組んでいる予算制度のダイナミズムは間違いなくC社の強みであったと思う。そして、そのマトリックスに網の目のように配置された経理部門が予算審議及び実績進捗管理と統制の中心として活躍し推進している。

身勝手な話だが、入社配属前はあんなに嫌っていた経理部門だったのに、今では上記のような環境で最後まで仕事が出来たことを誇りに思え、また、本当に良かったと思っている。

話は変わるが、企業が永続的に繁栄していく一つの条件につき、私の経験上から一言述べさせてもらいたい。

私はC社経理部門で定年まで働いてきたが、その多くの時間は生産現場にある経理部門であった。その中で私にとって驚天動地だった出来事がある。私がメキシコ販売会社に勤務していたわずか数年の間に、国内のベルトコンベア生産方式が全ての生産現場から撤廃されセル生産方式に転換されていたことである。バブル崩壊後の景気低迷期であったにせよ、それまではベルトコンベアが唯一最高の生産方式だとも考えられていたのに、本当にびっくりした。しかし、会社を永遠に繁栄させようと思う経営者なら常に革新的なテーマに取り組んでいくのは当然のことである。そして、ある時はそれまでの考え方やノウハウを否定してでもそれに取り組んでいかなければならない。まさにその事を思い知らされた

気がした。

　しかし、そういったテーマの取り組みが成功するかどうかは、経営者の熱意だけの問題ではなく、その下の管理職やリーダーが一丸となることが必要不可欠である。Ｃ社はことさら頻繁にこのような革新的テーマに取り組んできた。その都度現場は大混乱するがしばらくすると二通りの職場に分かれる。一つは、よく有りがちなことだが、納得はしないが会社の命令だから仕方ないと言って、ネガティブな態度で対応する職場。もう一つは、会社が何故そのテーマを必要としているのか、また、その良いところ悪いところを自分の問題としてちゃんと理解／整理し、自信と情熱を持って職場に展開させるリーダーや管理職がいる職場。後者の職場では大抵の場合、自分達は何をしなければならないのか、どうやればもっと改善出来るのかといった"気付き"の風土が醸成されている。よって、そのような職場では革新的なテーマでも着実にこなし成果を出していたように思える。また、経費予算管理制度においてそのような職場の対応を例にとると、予算進捗管理あるいは差異分析が日頃からきっちりとなされており、経理部門からの問い合わせに対し即座に明快な結果が得られた。また、経費の使い方にしても単純削減一辺倒でなく、費用対効果が良いものには積極的にカネを使う傾向にあった。このような管理職やリーダー、そして"気付き"の風土を持った職場が多かったことが、頻繁な革新的テーマを定着させＣ社の永続的な繁栄を支えていると思う。

　最後になるが、Ｃ社経理部門の枠では収まりきれなくスピンアウトしてしまった藤本さんが、今やこのような立派な本も書き、居住地の北海道のみならず管理会計を武器に全国の中小企業を活性化させようとしている姿を見て大変誇らしく思う。同時に、彼の人柄と意志と情熱があればこの活動は更に進化発展していくに違いないと信ずる。そして、そう願わずにはいられない。

5．その他の会議の開催方法

　ここでは、管理会計コンサルティングで適宜開催するその他の会議について見ていきたいと思います。

1）営業会議

　営業会議は営業部門のメンバーと個別に開催する会議です。プロジェクトミーティングだけではフォローしきれない営業部門だけの情報共有を目的として行います。営業会議を行うことで、売上を稼ぎ出す営業部門のテコ入れが可能となります。スタートアップの段階の組織や経営状況が悪化して経営改善計画を提出した企業のモニタリングを兼ねてやることが想定されます。

　具体的には、営業部門の現場データを共有しながらメンバーと先月までの実績確認と来月の売上の読みをしていきます。筆者のコンサル先での営業会議の具体例を紹介します。

- メンバー：社長、営業課長、営業スタッフ
- 現場データ：得意先別商品別売上一覧データ（複数年分）（図表2-11）
- 所用時間：約1時間

　内容としては、最初に筆者から先月の財務状況を報告したあと、現場データを見ながら営業担当者ごとの来月の売上見込みを報告していくというスタイルを取っています。この報告をすることで、大きな変動を事前に確認することができます。もし、売上が大きく減少する見込みであれば、全員でその対策を考えることになります。また、毎月やることで昨年以前にあった売上を得意先別に事前に確認することができるため、売上の取りこぼしがなくなります。

　すべての営業担当者の見込み報告を終えたあとに、営業部門で共有す

〇〇　月間

NO	担当	得意先コード	得意先名	年度	4月	5月	6月	7月	8月	9月	10月	11月	12月	1月	2月	3月	合計

図表2-11　得意先別商品別売上一覧

るべき事柄についての共有を行います。現状の課題などを率直に話し合える場として活用しています。

2）製造販売調整会議

製造販売調整会議は主に製造業において、製造部門と営業部門の間で行う会議です。営業サイドから来月以降の受注見込みを報告し製造部門においてはそれを受けた製造予定を調整する場となります。

この調整を行うことで得られるメリットは主に二つあります。一つは、在庫を適正に保つということです。製造予定が事前に確認できることで無駄のない材料発注ができます。もう一つのメリットは納期短縮です。事前に製造予定が組み込めることで十分な準備をしたうえで生産できるために効率的になります。また、事前に製造予定が組めることで、製造工程に余裕ができる時期も読めます。その時期に急なオーダーを製造するということや点検・修理の時間を確保することも可能です。

販売予測は当然変わることがありますので、タイムリーな情報交換が必要となります。最低でも月一回、理想的には毎週行うことが推奨されます。また、営業サイドは顧客の売上状況を蓄積することで販売予測の精度を上げることが可能です。これは、予算編成にも役立つことになります。

製造販売調整会議で必須となる現場データは先ほど紹介した営業会議での情報と同じです。また、生産サイドでは前年同期の生産実績などのデータが必要となります。中小企業においては製造販売調整会議を行っていない企業も多いと思われますが、プロジェクトミーティングで使用した現場データをそのまま活用できるので、是非、開催していただきたいと思います。

3）予算編成会議

　予算編成会議は予算を編成する方法によってさまざまな形式があります。大企業のように年に何回も編成を行うところもありますが、中小企業においては、半期に一度の編成が一般的と思われます。詳細な予算編成方法については、前著に記載しましたのでここでは簡単なアウトラインを紹介することにしたいと思います。

　■予算編成ステップ
　　ステップ１：営業予算作成
　　ステップ２：製造予算作成
　　ステップ３：経費予算作成
　　ステップ４：経理部門での集計
　　ステップ５：予算審議

　ステップ１から５までを経て、再度ステップ１にフィードバックされて再調整されるということを繰り返して最終的な予算とします。また、このステップの間に別途、設備予算編成と資金調達計画が練られることになります。

　このステップそれぞれには、蓄積された現場データが必須となります。現場データの蓄積のないところでの予算編成はほとんど意味がありません。なぜなら、予算とは新商品開発や新規投資を別にすれば「過去の実績データの分析を経て得られたストーリー」だからです。つまり、過去のデータの比較から因果関係が導き出され、それが来年のストーリーとなって描き出されるのです。この過程を経ない予算数値は単なる数値でしかなく、ただの願望や思い付きです。いわば根のない根無し草、時間の経過とともにふわふわと漂って跡形も消えてなくなる運命なのです。

　予算編成は管理会計をきっちりやらないとできない代物なのです。少

なくとも二年間の現場データの蓄積がないとできません。ゆえに、予算編成は難度の高いものと認識する必要があります。しかし、現場データを作り込んだうえで予算編成を行えば、これほど強力な武器もありません。ぜひ、根気よく手順を踏んで取り組んでいただきたいと思います。

コラム7
売上予算・PDCAサイクルなき営業は羅針盤を持たない航海だ！（その後）

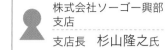
株式会社ソーゴー興部
支店

支店長　杉山隆之氏

　2019年に藤本さんの書籍に上記表題のコラムを掲載させていただきました。今回また発刊される続編にもコラム執筆のお話をいただき、私と致しましては前回から継続性を持たせた方が良いと考え稚拙な文章ではありますが"その後"について論じていきたいと思います。

　前回の執筆では売上予算の重要性、PDCAサイクルの必要性について論じさせていただきました。そしてその作業を継続して行った結果として2019、2020、2021、2022年度（直近）では4期連続で決算の黒字化を達成することができ、大きな成果として帰結することができました。ご存じの通り2020年1月より約3年半続いた"コロナ禍"という人流を止める大変厳しい外部環境の中での達成であったので、これは藤本さんの御指導の有益性をより確実なものにしたと考えております。そしてその間に経験したことで気がついたことを大まかに2点ほど述べさせていただきたいと思います。

《改めて気づかされた基本の大切さ》
　営業職というのは売上予算をベースにした数字を勘案して日々の営業活動を行い、この時期はこのくらいの仕事量、売上等があるということを前提として前年、前月と比べながら「多い」、「少ない」を判断して対応していくものと考えます。ただこの作業というのが慣れてくればくるほど、言い換えれば経験を積めば積むほど疎かになりがちになってしまいます。理由はこの作業自体が"反復作業"の要素が強いからだと思います。毎年の仕事には劇的に大きな変化というものは無く（だからこそ予測ができる）、ある意味で当たり前の作業を続けていかなければなり

ません。しかしこれをどう捉えるかによって営業活動そのものが大きく変わっていきます。

　例えばコロナ禍の中、毎月の営業会議での売上予測は圧倒的に「少ない」が多くなりました。それに対しては現在の外部環境がそうなのだから収束するのを待ち、その間の経費を極力少なくして乗り切るという選択肢もあることはあるでしょう。しかしながら売上予算並びに PDCA サイクルの基本に立ち返ることで、当たり前の作業の中で「少ない」という判断からその埋め合わせをどうするかを考え、当時であれば需要が急増した飛沫感染を防ぐ衛生用品等を積極的に売り込むという営業活動を選択することが出来ました。それは常に基本を大切にしていつでも立ち返る姿勢を持つことを藤本さんより御指導されていたからに他なりません。一例ではありますが以上のような経験からも改めて基本の大切さというものを実感致しました。

《安定してわかった次なる課題》

　上記で触れた４期連続の決算の黒字化は結果であり中身までは触れませんでしたが、現在のところ営業利益の黒字化はまだ達成出来ておりません。今までの帰結として当社の営業活動の基本はある程度までは完成してきたと思いますが、本業の儲けを示す営業利益での黒字化が次の課題となりました。そして営業利益を黒字化するために現在取り組んでいる事例を紹介させていただきたいと思います。

　営業会議において「本業での儲けを増やす」とは「会社の強みを伸ばす」ことであると藤本さんより御指導を受けております。常に変化する外部環境や競合他社に対応していくためにはやはり“会社の強み”が必要になってきます。では“強み”とは一体何でしょうか。それは当社においては近隣他社には無い付加価値やサービスを提供していくことであるという結論に至っております。具体的には印刷部門で言えば封筒や伝票が主ではありますが、そこから派生する各種印刷加工物（Ｔシャツやアクリル製品等）の新商品の比率を上げていくことであり、商事部門で言えばただ商品そのものを提供するだけでなく設定等も含めたサービス

も併せて提供することであり、即ち差別化された（顧客に選択してもらえる）会社に成長することだと考えております。そしてそのために毎月行われる営業会議において売上予算並びに PDCA サイクルの活用を通して顧客のニーズと商品の可能性等を探っております。

　最後になりますが表題にある "羅針盤" は明確な方向を示しています。営業利益の黒字化は営業職だけがどんなに頑張っても達成することはできません。勿論責任逃れをしているわけではなく一つの印刷物（商品）が出来るまでには会社の全部門（管理・制作・工場・営業）が深く関わっております。そのことは言い換えれば会社が一つにまとまることであり、そしてそれこそが藤本さんが言われる「会社の強みを伸ばす」ことと同義語として捉えてよいのではないでしょうか。

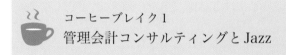

フジモトコンサルティングオフィス合同会社
代表社員　藤本康男

　管理会計コンサルティングは Jazz に似ている。もちろん、コンサル手法の一つである管理会計コンサルティングと音楽の一ジャンルである Jazz が似ているというのはある種の比喩である。では、一体何が似ているというのか？

　その説明をする前に Jazz の特徴を簡単に説明しておきたい。Jazz はオーケストラと比較することでその特徴がよくわかる。オーケストラの奏者は全員もれなく楽譜を見ている。つまり、楽譜通りに演奏する必要があるのである。もちろん、演奏の表現方法については指揮者の要求通りの表現が求められるが、音階はすべて楽譜通りに吹かなくてはならない。さもなければ音楽として成り立たないからだ。

　他方、Jazz はどうか？　Jazz にも楽譜はある。しかし、楽譜通りに吹く部分はほんの最初のパートに限られている。この最初のパートをテーマと呼ぶ。テーマは一曲分の決まった音階で出来ている。おそらくみなさんが記憶している Jazz の旋律はこのテーマ部分なのである。では、テーマが終わるとどうなるのか？　テーマが終わると、曲の最初の小節にもどってくるが、そこから先の楽譜はないのである。より正確に表現すれば、オタマジャクシ（音符）はないのである。つまり、この音階を演奏しろという指示がなくなるのである。

　では、どうやって演奏するのか？

　その答えはアドリブだ。アドリブとは即興演奏のことであり英語では improvisation という。つまり、あらかじめ指定された音符から解放されて自由に演奏する、ということだ。

　さて、ここで管理会計コンサルティングとの関係に戻ろう。管理会計コンサルティングもプロジェクトミーティング等の場ではどんな発言が飛び出すかわからない状況になる。その言葉を受けてコンサルタントは臨機応変に対応することが求められる。まさに、アドリブなのだ。筆者などは毎回どのような発言が飛び出すかをある意味楽しみにしているわけである。「お、こうきたか、うん、今度はこうか……お主、なかなかやるのう……」などと内心思いながら表面上はクールに装っていたりするのである。

　しかし……ここで、賢明な読者は気づかれたかもしれない。

「管理会計コンサルティングには現場データがあるではないか、だからアドリブと言ってもあくまでも制約付きのアドリブであって、Jazz のような奔放なアドリブ演奏とは根本的に違うのではないか？」と。

　鋭い指摘である。
「管理会計コンサルティングはアドリブであると偉そうにうそぶいてもしょせん現場データ頼りのえせアドリブではないか」とのご指摘かと思われる。

　しかし……ここで更に賢明な読者は気づくであろう。

「Jazz にもコードという制約があるのだ。コードつまり和音だ。和音にシンクロする音階を奏でることで、音楽として成立しているのだ。ピアノやベースが奏でるコード進行とアドリブを演奏するフロント奏者の音階は美しいハーモニーを奏でているのだ」と。

お見事。

　つまるところ、管理会計コンサルティングの現場データは Jazz の
コード（和音）と同じ役割を担っているのである。このベースとなる制
約のもとで自由奔放に発言を行うことで、会議は美しいハーモニーを奏
でることができるというわけである。

　ゆえに、管理会計コンサルティングと Jazz は似ている、という結論
を得るのである。

6．マーケティング業務

1）中小企業のマーケティングの現状

　ここで少し管理会計コンサルティングの派生業務を紹介したいと思います。管理会計コンサルティングは会社の業績改善を目的としていますので、その守備範囲は広くなります。ある意味、すべての項目がその範疇になるわけですが、とはいえ、基本的にはデータ（数値）を介したコンサルティングですので人材開発や技術指導などは別の専門家を紹介することになります。

　そのなかでも、筆者の経験の中から、とくに親和性の高い派生分野がマーケティング業務ということになります。それにはいくつかの理由があります。管理会計コンサルティングで原価の見える化をしていくと、原価に見合った価格での販売ができていないという場面にかなりの確率で出くわします。つまり、端的に言えば安売りしすぎている、ということです。これは流通経路の中での中小企業の立ち位置にも関係がありそうです。つまり、力の強い卸先の価格下げ要求に抗いきれない、という構図が見えてくるのです。しかし、安く売っていては利益が出ませんからいつまでたっても利益が蓄積できません。これでは、卸先の利益のために働いているようなものです。しかし、見える化ができていないので、その現状に気が付かず長年その商慣行にどっぷりつかって商売をしているのです。それどころか、卸先に感謝している場合も多いのです。「買っていただいている」という意識です。

　筆者のコンサル現場は北海道ですから、北海道特有の商売意識というものもあるのかもしれません。北海道の良質な原材料（海産物、乳製品、農産物など）を高い付加価値をつけずに売ってしまう、という構造があります。裏を返せばそれだけ豊かということなのですが、高い付加価値をつけることができれば大きな利益が見込めるのにもったいない話です。しかし、意識を変えることは容易ではありません。筆者はコンサ

ルの現場で何度となく経営者の意識とぶつかってきました。

　　　筆者（C）：「この主力商品ですが、もっと付加価値をつけて高く売
　　　　　　　　りませんか」
　　　　　　　　「この商品を卸している○○水産はパッケージだけ変えてうち
　　　　　　　　の倍の価格で売っていましたよ」
　　　オーナー（P）：「そりゃ、○○水産はブランドがあるから高く売れ
　　　　　　　　るんです。うちがそんなに値上げしてだれが買ってくれるんで
　　　　　　　　すか？」
　　　C：「しかし、この状況を続けてても利益がほとんど出ませんよ。
　　　　　　頑張って生産して出荷しても利益が出ないんじゃ意味がないの
　　　　　　ではありませんか？」
　　　　　　「○○水産はブランドがあるっておっしゃいましたね。だった
　　　　　　らうちもブランドを作ればいいんじゃないですか？」
　　　P：「なに言ってんですか。ブランドなんてそんな簡単に作れるわ
　　　　　　けないでしょ。○○水産は長年かかって今のブランドを作って
　　　　　　きたんですよ」
　　　C：「○○水産が長年かかってブランドを作ったのはその通りだと
　　　　　　思います。しかし、○○水産はこの商品を作ってませんよね？
　　　　　　これを作ったのは御社です」

　いかがでしょうか。上記の会話はほぼ実際の会話です。このようなやり取りをしばらく続けていましたが、ある日、オーナーは本当に椅子を蹴飛ばして会議室を出ていきました。

　その日は、オーナーと社長（オーナーの奥様）と私とで商品開発の話をしていました。私と社長は高級ギフトを作ろうということで意見が一致していましたが、オーナーが価格に反対していました。そこの主力商品は「ずわい蟹の甲羅盛り」です。オホーツクの海で獲れた新鮮な活ガニを甲羅に盛って急速冷凍した逸品です。従来は、1000円程度（当時）

で販売していたのですが、原価計算をすると卸売りでは利益がとても薄いことが判明しました。しかし、相手もあることなので大幅な値上げはできない状況でした。そこで、高級ギフトとして新しいブランドを立ち上げたのです。その名も「紋別漁師」。パッケージも新しく作りかえ中身も大幅にグレードアップしました。

　価格は原価計算をして相応の利益を上乗せして算出しました。その販売価格は当時で3000円だったと記憶しています。高級ギフトなので卸販売はしません。今まで1000円だった甲羅盛りが、いくら高級ギフトになったからと言って３倍ではさすがに誰も買わないとオーナーは判断していたのです。

　しかし、社長は引き下がりませんでした。原価計算の数字を見てからは利益の出る商品をみすみす安く売ることに我慢ができなかったのです。確かに価格は高いですが、高い理由がきちんとあるのです。堂々と市場に出して勝負してみたいと考えていたのです。当然、筆者も社長の意見に賛成でした。押し問答のあげく、社長の意志の固さに業を煮やしたオーナーは「勝手にしろ！」とばかりに椅子を蹴って会議室を出ていった、というわけです。

　さて、この結果はどうなったでしょうか？　この「プレミアム甲羅盛り」は徐々に市場に受け入れられ、水産庁長官賞を得るまでに成長しました。今では、年間５千万円以上売る押しも押されもせぬ看板商品となっています。オーナーとは当時の話は笑い話となっていますが、お互い若かったとはいえ、かなりヒートアップした場面でした。今でも、会議室を出ていくオーナーの姿が目に焼き付いています (笑)。

２）中小企業のブランディング

　新商品開発とその販路開拓にあたっては、提携している札幌のデザイナーの寺島さんとのコラボが不可欠となっています。どのようなコンセ

プトにするのか、商品の強みをきちんとヒアリングして、デザインに落とし込む。売るためのデザインにとことんこだわってもらっています。また、販路としては、自社 WEB サイトのネットショップの構築も必須です。ここにも寺島さんにデザインをお願いして統一したブランドイメージを作り込んでいます。

このような経験を通して、わかったことがあります。それは、「ブランドは自ら作るもの」ということです。なるほどブランドは最終的には消費者が認めなければ成立しませんが、とはいえ、生産者側から発信しなければブランド化はできないでしょう。例えば、牛乳を思い浮かべてください。通常の販路では、生産者によって搾られた生乳は組合を通して集荷され、大手乳業メーカーにて牛乳となります。消費者は大手メーカーのミルクとして認識します。つまり、生産者がどれほど美味しいミルクを作っていても、他の牛乳と混ぜられたら認識のしようがありません。

ここで、その生産者が、独自の販路で売り出せば自分のブランドを発信することができるようになります。その際には、「なぜ、うちの牛乳は美味しいのか」をセットで発信する必要があります。また、オリジナルなパッケージも必要でしょう。また、ネットも含めた販路の構築も必要になってきます。当然ながら、価格もいくらにするのかを検討しなくてはなりません。つまりマーケティングの4P *6 を考えることになるのです。

つまり、自分の商品を独自の販路で売り出そうと決めた瞬間からブランディングは始まるのです。この瞬間がなければ何も始まりません。そ

---

*6　マーケティングの4Pとは、Product, Price, Promotion, Placeのこと。それぞれ商品力はあるか？　価格をいくらにするか？　広告宣伝をどうするか？　販路はどこか？　を考えることです。

して、その際には自分の商品の良さをとことん突き詰めておくことが肝要です。言い換えればブランドはその生産者のプライドに裏打ちされている必要があるのです。プライドは定量的なものでもありませんし言葉でも表すことができません。つまり、商品の存在価値そのものでありデータや言葉を超えて存在そのものに凝縮されたアイデンティティなのです。

　北海道の中小企業に限らず、全国の中小企業は独自のブランディングという視点が今後ますます必要になってくると感じています。地元で優位に調達できる原材料を武器に付加価値を高めて、SNS などを通じて全国の顧客に発信していくということが可能な時代です。販路はネット販売やふるさと納税など全国区です。デジタルインフラ環境が整っている今こそ大いなるチャンスの時代なのです。

有限会社寺島デザイン
制作室
代表取締役
寺島賢幸氏

札幌生まれ。地元広告代理店を経て1992年有限会社寺島デザイン
制作室設立。
おもに北海道のクライアントを中心に、ブランディング、広告を手
がけている。
日本グラフィックデザイン協会新人賞、台湾国際ポスターアワード
金賞、NYアートディレクターズクラブ銅賞ほか受賞。

　40年ほどデザイン畑で仕事をしてきて、その後半のおよそ20年間は
おもに食品のブランディングに関わっています。札幌生まれの札幌育ち
ということもあって、北海道を応援する仕事をもっとしたいと思って
いた40代のころに、岩見沢の食品ブランド「ノースファームストック」
の立ち上げから参加することになりました。それがきっかけで農産加工
品のパッケージデザインが増えていき、ブランディングについてある程
度経験値も上がってきた2011年、建築家の鈴木理さんの紹介で藤本さ
んと出会うこととなります。管理会計という言葉を聞いたのもそのとき
が初めてで、説明されてもピンと来ない状態でしたが、藤本さんの仕事
は数字を扱うだけではなく"コンサルティング"だということは理解出
来ました。広告の職種の中にクリエイティブ・ディレクターというもの
がありますが、これは言ってみれば作戦を立てる人。藤本さんはまさに
その役割なわけです。

　一緒に組んだ仕事はいくつもありますが、真っ先に思い浮かぶのは紋
別のマルマ松本商店。オホーツクで水揚げされたずわい蟹の身を甲羅
に詰めた商品がメインの商材で、類似商品の中でも品質はトップクラ
ス。当時の商品名は「北の漁師の晩ごはん」。透明のビニール袋に入っ

たものでした。まずはこの商品のリデザインに手をつけることに。藤本さんの作戦はシンプルで、モノがいいから思い切って価格を上げ、メインターゲットを首都圏、関西圏の富裕層にすること。最初に考えたのは紋別という地名を覚えてもらうためにブランド名に「紋別」を加えることでした。オーナーのお父さんが実際に漁師でしたし、オーナー自身も時々漁に出るような人なので、素直に「紋別漁師」とネーミング。パッケージも商品の格を上げるために箱に入れるデザインに。さらに天面に大きく穴を開けて中身が見えるようにしました。箱にすることでギフトとして送る場合にセットしやすくなったこともあり、予想を大きく超えて売上げが伸びたようです。当初は販売価格の大幅な値上げに強く反対していたオーナーに対して、藤本さんは全く腰が引けることなく断行しましたから、その信念はものすごいものですね。オーナーもこの結果には驚かれるとともに、とても感謝されましたので大変恐縮したのを覚えています。その後もこの商品は主力となって売上げを引っ張っているので、炊き込みごはんのシリーズ「ほぐしめし」など新商品の展開もスムーズにできる状態になっています。また松本商店は物販のための店舗もあって、そのリニューアルにも関わらせていただきました。もともと物販とイートインが半々ぐらいに分かれた店舗でしたが、なかなか思うように集客出来ていない状態。現場を見ておいしい海鮮丼もいただいて「ここは食べるのがメインだな」と判断しました。だから僕の仕事は外にある大きな看板に「食堂」という言葉を入れただけ。その後、「紋別漁師食堂」は飲食のお客さまで賑わうお店となりました。

　同じ紋別でもう一つブランディングに関わったのが、帆立の製造をする光進水産。工場はオホーツク海に面していて、そこからくみ上げた海水を使い帆立をていねいに洗って商品にしています。レギュラーの仕事として大手メーカーに卸す商品の売上げが大きいですが、それとは別にＢ to Ｃの売上げも作っていきたいということでした。藤本さんはオホーツク産帆立が北海道内でも最も上質なのは間違いないので、遠慮せず高い値付けでいこうとあくまでも強気で攻めの姿勢です。その思いを受け

てまずは高級感のあるギフトボックスをデザインすることに。そしてブランド名もオーナーの名字である「齊藤」を使って「紋別齊藤帆立」としました。大きな会社がオートメーションで作業しているわけではなく、齊藤さんがこだわりを持って手作りしているような印象にしたかったからです。箱を作るにあたっては、ちょっと気を使ったことがあります。一般的な帆立貝柱は無造作にビニール袋に入れられていたりしますが、手作業で殻をはずしてきれいに洗っているのにそんなふうに扱うのはちょっと雑かなと思いました。そこで箱の中に苺用の保護シートを入れて、帆立一つ一つが独立し、それぞれが接触せず傷つくことのないパッケージに。受け取って箱を開けた人には、齊藤さんがどれだけ帆立を大事にしているかが伝わっているはずです。

　藤本さんとは商品のパッケージデザイン以外でも仕事をしています。飲食店のブランディングでお手伝いしたのが当別の田西会館。「会館」とついているぐらいなので冠婚葬祭に関わる会合や宴会に使われることが多い施設ですが、飲食店としての機能もしっかりしています。ただ個人のお客さまがランチなどで使う頻度が低いのが悩みということでした。藤本さんからのお題は、「当別町民ではない一見さんの一般客を増やすためのデザインを」という感じだったと思います。現場に行ってみると、ロゴが壁面右上に小さく入っているだけの箱形の建物ですがシンプルで悪くない感じ。でもロゴ以外にインフォメーションはほとんど見当たりません。だから問題の解決はとても簡単でした。「ここがレストランだと伝えること」。そこで空いている壁面に最も人気のとんかつの写真を大きく貼り出して「当別とんかつ」とまるでずっと名物だったかのように書きました。車で前を通るドライバーからもしっかり認識できるバナーを設置したことで、とんかつをきっかけに入店したお客さまがそのほかのメニューも知ることになるのに時間はかからなかったと思います。その後、藤本さんから売上げが大きく伸びたことをお聞きして、デザインが役に立てたことをとてもうれしく思っています。

　そのほかにご一緒した仕事で印象に残っているのは伊達のオオヤミートでしょうか。創業60年を超え、養豚から加工、販売まで行う地元の老舗企業で、きれいな湧き水を使って元気な豚を育てています。藤本さんからブランディングを手伝ってほしいと言われて最初にデザインしたのは、オリジナルブランド「黄金豚」のロゴでした。長く使われてきたこのネーミングを老舗感のあるデザインにリニューアルして新しい旗印としました。ロゴはお客さまにブランドイメージを強く印象づけるものではありますが、それとともに社員のみなさんが価値のあるブランドだと自負してくれるような役目も果たしていると思います。その後このロゴは、さまざまな大きさのギフトボックスに展開していきました。さらに高品質でありながらほぼ地元でしか売られていない豚肉の販路拡大のためネット販売をはじめることに。企業を詳しく紹介するコーポレートサイトを作ってから、オンラインショップのサイトを制作しました。

　藤本さんは仕事をはじめた当初から「どれもおいしいけど、リブロースがホントにうまい！」と言い続けていました。デザイナーもそうですが、やっぱりクライアントに惚れ込まないといい仕事にはなりません。「いいところを見つけて、そこにしっかり光をあてる」ことがブランディングのすべてなんです。藤本さんも僕も手段は違っても視点は同じで、いつもクライアントが気づかない自身の良さを探しているわけです。基本のアプローチは一緒なので仕事はとてもやりやすく、意見が分かれることもあまりありません。お互いその場しのぎの作戦はうまくいかないのはわかっているので、藤本さんとはこれからも、本物で人のためになり長続きするブランディングをしていくでしょうね。

コラム9
中小企業の商品開発について

フーテックサービス
株式会社
代表取締役　今直樹氏

　私は、北海道で食品会社を中心に衛生指導、商品開発、改善指導など
を行うコンサルティング会社を運営しております。この度、創業の前か
らお世話になっている藤本さんのご依頼により、私の得意とする中小企
業の商品開発についてコラムを書かせていただきます。

　早速ですが中小企業において、商品開発を実際に行っているのは誰
（どこの部署）でしょうか？　上場企業のような大企業であれば、専門
の商品開発部があり、日々新しい商品の開発や既存商品のリニューアル
などに取り組んでいることと思いますが、中小企業ではどうでしょう？
　私のこれまでの経験では、大きく分けて２パターンあります。一つ
は、社長や営業など外部の人と直接接触する人たちが、顧客ニーズをく
み取って、又は他社製品をリスペクトする（簡単に言うと真似る）など
外部の情報を基に開発を進めるパターン。
　もう一つは、製造部門の発案による商品開発で、例えば未利用品の有
効活用とか、規格外品の有効活用とか、機械の稼働に空きがあるからと
いった、"もったいない"を意識した内部の情報を基に開発を進めるパ
ターン。
　外部情報により開発を進めるパターンでは、目標とする販売価格が先
に決まっていて、実際に製造しようとすると予想以上に手間がかかり、
労務費が合わない事がよくあります。
　逆に内部情報パターンの場合、どうせ未利用品の活用だからと言って
原材料費を安く設定しすぎたり、結局原料が足りなくなったり、市場
ニーズに合っていなくて売れ残ったりすることがよくあります。
　どちらも一長一短がありますが、専門部署を設けることが出来ない中
小企業においては、経営層、営業部門、製造部門がよく話し合って開発
を進めることが重要です。弊社のようなコンサルを雇うのもよいと思い

ます。もちろん経費は掛かりますが、専門部署を作るよりは安く済むと思います。

　さて、実際に中小企業が商品開発を進める時に、重要視した方がよいことがあります。それはストーリー性です。大企業であればトクホなどの機能性もアリですが、中小企業ではハードルが高いです。その代わり、中小企業ならではの身近な存在、顔が見える、○○さんが作った、○○産の原料使用など、少なくとも地元の人に愛される商品を開発するとよいと思います。そうすることで、自信を持って開発を行い、情報発信を行い、安易に安売りしない商売を実践できればと、思います。皆様の商品開発のご参考になれば幸いです。

第Ⅱ部　管理会計コンサルティングの事例紹介

　ここからは、管理会計コンサルタント協会の会員による事例報告集となります。北は北海道から南は四国まで全国各地での実践例が報告されており、それぞれの地域性も反映されています。一口に中小企業といっても地域が違えばいろいろな面で違いが出てきます。例えば、北海道では一次産品の加工業が多く機械工業などの付加価値の高い製造業は少ないということがあります。他方、四国の徳島では豊富な森林資源を活用した家具や仏壇などの製造業が地場産業として発展してきました。それぞれの地域に根差した企業へのコンサルティング事例を見ていただきたいと思います。

　また、篠田先生の巻頭言にもあるように、ここに紹介された事例はリアルなものばかりです。すなわち、すべてきれいな成功例というものではありません。むしろ、多種多様な現場における試行錯誤の足跡集という類いのものです。しかし、試行錯誤を繰り返し、泥臭く奮闘した足跡は、かならずやなにがしかの真実を含んでいるものと思います。それを感じ取っていただければ幸いです。

1．北海道

担当執筆者：齊藤弘樹

個々のスキルや資格に依存しない基本に忠実なコンサルティング

■自己紹介

　当社は札幌市中央区に事務所を構え、中小企業向けに管理会計導入コンサルティングを提供しています。藤本さんをはじめとして管理会計コンサルタント協会の会員の皆さんと大きく異なるのは私が士業など資格保有者ではないということです。なぜ資格を保有していない私がコンサルタントとして仕事をすることができるのかについてもお伝えできればと思います。

　私の経歴をお伝えいたします。大学を卒業後にアウトソーシング業務や労務関係のコンサルティングをしている会社に就職をしました。その後、ご縁があり外資系の生命保険会社に入社をし、ここで財務の基礎を身につけさせていただきました。30代はこの会社で、保険代理店の皆さんをサポートしながら、保険を販売するために財務の知識を活用していました。その後、一念発起し、2019年1月からコンサルティング会社を設立して現在に至っています。藤本さんとは、開業後、なかなかコンサルティング事業が軌道に乗らず「コンサルティング業は成り立つのか？」と疑問に感じている時に、前職の同僚から紹介をされて会うことに。その後、養成塾に入り、自分のコンサルティングを強化するきっかけとなりました。（私が勝手に）師匠かつ友人と思い、現在も定期的に情報交換をさせていただいています。

■「教える」ではなく「聞き出す・引き出す」コンサルティング

　コンサルタント業と聞くと、「経営を教える」という指導者スタイル

を想像する方が多いのではないでしょうか？　パワポ資料を山ほど作成し、プレゼンをし、「だから、このように対応しなさい」というスタイルをイメージする方がほとんどです。

　藤本さんが広めているコンサルティング手法は、このような上から教えるのではなく「聞き出す」もしくは「引き出す」タイプのコンサルティングです。

　「聞き出す」コンサルティングとは、コンサルタント側が答えを提示して「はい、この通りやってください」というスタイルではなく、「この問題について何をすればいいと思いますか？」と相手から意見を聞き出すコンサルティングのことを言います。この「聞き出す」または「引き出す」コンサルティングを成立させているのが、経営数字を用いて会議体を中心に進めるという手法です。

　「教える」タイプのコンサルティングだと、どうしてもお客様が知らないことを知っているとか、お客様をよくするためのテクニックを知っているという知識上の優位性が必要になります。もちろんコンサルタントですから、一定の分野で専門性を持ち、お客様以上の知識は持っておくべきです。しかし、お客様自身の業界での話となるとそう簡単にはいきません。飲食業を行っている会社であれば飲食関係に詳しいですし、プラスチック製品製造の会社であればプラスチック製品の製造について詳しいでしょう。コンサルタントがこのお客様以上にその業界について詳しくなることは簡単ではありません。

　しかし、管理会計コンサルティングでは、考えるための環境づくりと考えるための場所づくりを行い、会議体を中心にコンサルティングを行っていくため、普遍的な会計の知識があればサービスを提供することができます。会計の知識レベルも基礎レベルで十分です（対応するお客様が会計に詳しくないので高度な会計の話などは必要ありません）。

　考えるための環境というのが管理会計数字（会社の現状を把握するためのデータ）や意見を安心して言える雰囲気であり、考えるための場所というのが定期的に開催される会議体になります。

　コンサルタントは、その環境・場所で「引き出す」ことに徹してサポートをしていきます。

　藤本さんの養成塾に出て、この「引き出すことに徹する」というところは非常に大きな学びとなりました。

■データ収集により環境を作る

　管理会計コンサルティングサービスで重要なのがデータの収集です。一般的に中小企業では大企業ほど多くの経営データを収集できていません。収集できていないのであれば一定期間、時間をかけて蓄積していく必要性があります。

「会議を行うのであれば数字がなくてもいいのでは？」

　管理会計コンサルティングの流れを説明するとこのようにおっしゃる方もいらっしゃいます。確かに会議を定期的に開いてみんなで話し合いをすれば一定の成果は上がるかもしれません。

　しかし、話し合いをする上で、何を基に意見を言い合っていくのでしょうか？　経験？　知識？　性格？　どれもこれも個人差が大きく会議で一定の答えを導き出すためには最適とは言えません。

　極端にいうと意見をズバズバ言える性格の人の意見が間違っているのに通ってしまうということにもなりかねません。

　誰が見ても同じ解釈ができる数字を基に話し合いをすることによって、納得のいく施策を導き出すことができます。納得感が大きければ自

分ごととして仕事に取り組むことができるため、会社にとっても働く個人にとっても良い結果になるのは一目瞭然でしょう。

■ 会議体を中心に進める基本に忠実なコンサルティング

データを基に会議をするのが重要という話をしてきましたが、実は管理会計を導入するにあたり多くの中小企業で問題となるのは、「そもそも会議が運営されていない」ということです（札幌でコンサル業を行っている私見が含まれています）。

中小企業の多くは社長を中心に回っています。社長がすべての取り決めをして、従業員が手足のように動いているという会社も少なくありません。このような会社では、会議をして、みんなで協力して進めていこうという文化がありません。

私のクライアントで札幌に本店を構え北海道内で美容サービス業を展開する会社があります。この会社の経営者の方も「会社が大きくなってきたが（社員20名前後）、ここから何をどうやって進めていけば良いのかわからない」ということで、ご契約をいただきサポートをさせていただいています。このクライアントでも、契約当初は、公式な会議は行われておらず、経営者の方がすべての従業員とやり取りをしながら会社の経営が行われていました。

このような状況を変えるためには、まずは会議の重要性を伝え、会議を定着させるところから進める必要があります。管理会計コンサルティングは、依頼したら来月からすぐに売上があがるなどの効果を求めている方には向いていないかもしれませんが、強い組織を作るという点では非常に基本に忠実なコンサルティングサービスと言えます。

このクライアントに対して「会議を中心にコンサルティングを行う」ということを提案できたのも藤本さんの養成塾がきっかけです。

【コンサル提案に至るまで】

　実際にコンサルティングサービスを提供していく流れをお伝えしていきます。弊社の場合、士業としての業務がないため営業は正直、簡単ではありません。会社設立当時にお客様にどのように出会ったのかを説明していきたいと思います。

　コンサル提案をしていくためには、お客様に「話を聞いてみたい」と思わせる必要があります。つまり「この人に相談をすれば何か会社に役立つことが聞けるかもしれない」と思ってもらわないといけません。単純な紹介だけでは、相手も話を聞いてあげるというスタンスなのでかなり難度の高いセールスになってしまいます。

　弊社が最初から数社からのコンサル依頼を受けることができたのは、私が前職時代に提供していた研修会やセミナーを通じたいくつかのご縁があったからです。

　私は前職で外資系の生命保険会社で仕事をしておりました。その業務の中で、研修会やセミナーで話をすることがあり、そのご縁からコンサル提案・ご契約とつながっていきました。

　クライアントからは「あなたの話なら難しいことでも理解ができるから依頼をした」と言っていただくことが多く、自分の一つの強みと考えています。

　また当社ではWEBサイト制作業務やWEB関連サービス（WEBコンサルティング等）を提供しています。「WEBを使ってビジネスを発展させたい」というお客様は非常に多く、WEBサイトやシステムなど目に見えるものを提供できるためセールスがコンサルティングより容易です。WEB関連のサービスを提供することによって自然とコンサルティングの話になり、コンサルティングのご契約がいただけることも少なくありません。今後、コンサルティングサービスを提供するのであれば、ある程度、形があり一般の方はなかなか手が出せない分野のサービスと組み合わせると良いかもしれません。

【コンサルの導入部分】

　ご契約をいただいて最初に行っていくのが、経営者の方との会議です。弊社では約３カ月〜半年にわたって経営者の方と定期的にビジョンや経営理念作りをしていきます。

　経営者の方がなぜ会社を経営しているのか、今後は何をしたいのか、仕事に対する強いこだわりは何かをじっくり聞きだしていきます。

　言葉として明確になるまで時間をかけて会議を重ねていきます。

　ビジョンや理念がある程度固まってくると、次は決算書を元に数字を「見える化」していきます。意外に思う方も多いかもしれませんが、多くの経営者の方は決算書から経営判断をすることができません。決算書を一緒にひも解いて「どこに問題があるのか？」「課題は何か？」を一緒に見つけていきます。またビジョンが実現できている会社の状況も、財務的にはどのような状態かを把握をして、現状とのギャップを確認していきます。

　ここまで半年ほどかかることが多いですが、この段階を経ると、会社の価値観や理想の状態が明確になり、財務の問題点や課題もわかり、ビジョンと現状のギャップも数字的に把握ができるため次へのアクションが起こしやすくなります。

　決算書を使うという話をすると「中小企業の決算書は恣意性が強いので使えない」という意見をいただくこともあります。確かに実態を100％反映していない決算書も存在します。しかし、管理会計コンサルティングでは決算書の内容を経営者の方と見ながら話を進めていくので異なる部分があれば経営者の方からご指摘していただけます。100％ではない部分を読み取らなければという気負いは必要なく、経営者の方とのコミュニケーションツールだと思って使用をすることをお勧めします。

　経営者の方との打ち合わせがひと段落したら、経営幹部の方や従業員の方とともに行うプロジェクト会議へと進んでいきます。

【コンサルが軌道に乗ってきた場面】
　コンサルティングサービスは目に見えないため、提供しているサービスがうまく機能しているのかを確認するのは容易ではありません。
　しかし、私は次の2点からうまくいっているか、いないかを判断するようにしています。

　一つ目が「会議の定着」です。
　管理会計コンサルティングの外すことができないポイントは、会議をしっかりと行うことです。会議が当然のように業務に組み込まれている状態になればコンサルティングは順調に進んでいるととらえることができます。
　逆に、会議をやること自体への理解が少なかったり、会議は無駄なものと考えている人が多い場合には、注意をするようにしています。繰り返し、繰り返し会議を行う意義を説明するようにしています。

　もう一つが、「会議での発言」です。会議は重要ですが、中身のあるしっかりとした会議にする必要があります。そのためには「安心・安全・ポジティブ」な場作りが重要で、この環境が出来上がっていれば順調であると判断をしています。

　会議に慣れていないと自由・活発に議論がされません。「変なことを言ったらどうしよう」とみんなが委縮をしてしまい、社長や中心人物がひたすら話をするということになりかねません。管理会計コンサルティングでは、集めた会計データを元に、会議に参加しているすべての人から自由に意見を言っていただき、次の行動を導き出していきます。発言をするのが怖いという環境では次に進むことができないので、この安心・安全・ポジティブな場作りができているか、それを確認するのが会

議での発言の量や内容、そして会議の雰囲気です。

　これらが自由に、活発に行われていればコンサルティングは順調に進んでいると判断をしています。

　実際に、管理会計コンサルティングという名称ですが、数字を収集するには非常にハードルが高いのも事実です。数字に強い人であれば簡単にできるような売上表の作成などもなかなか進まないのが実情です。その場合でも、「次のステップでは、数字を使ってより意見を活発化させることが重要ですよ」と声をかけながら、少しずつ数字に慣れていっていただくようにしています。非常に忍耐を要する仕事だと感じています。

【コンサルティングの現状】
　前述した会社では、幹部会議・店舗ごとの会議が９割がた安定して行われています。普通に会議を行えている会社の方だと「９割？　10割じゃないとダメじゃない？」と思うかもしれませんが、もともと会議を行っていない会社からすると様々なことが変わるような進化だということができます。

　会議に取り組み始めたころは、会議の重要性を繰り返し繰り返し伝えながら、ただの伝達のための会議（各店の店長が集まる会議）を行うことから始めました。経営者や私が一方的に話をして、各店舗のスタッフにそのまま伝えてください、という方法です。

　伝達に慣れてきたら、「今、お伝えした内容について感想をお願いできますか？」と問いかけ、どんどん会議に参加する姿勢を定着させていきました。１年近くを環境づくりに費やしました。その後は、店舗ごとでの会議の活性化に着手をしました。前述の店長会議の内容を各店舗で行っていき、さらに半年近くかけて店舗で会議が行われることを常態化させていきました。やはりここでも忍耐力を要し、少しずつ理解を得ながら進めることが結果的には近道であると理解することができました。当然、この定着するまでの間には、「会議の意味がない」「会議の進め方

がわからない」などたくさんの問題が起こりましたが、きちんと問題に
向き合うことでご理解いただきながら進めてこられたのではないかと
思っています。

　また会議の定着と並行して、全従業員のヒアリングと情報を共有する
仕組みづくりにも着手をしました。各店舗に私自身が伺って一人当たり
１時間ほどじっくりヒアリングをしました。最初は意見が出にくい状況
でしたが「会社には共有するが、誰がどのように言ったのかはわからな
いようにするので安心して発言してください」と不利益にならないこと
を伝えるとたくさんの意見を伺うことができました。ヒアリング内容を
まとめると、「社長のビジョンがわからない」「評価体系を明確にしてほ
しい」「もっと研修を受けたい」などの声を聴くことができました。も
ちろんすべてに着手できているわけではありませんが、全従業員に対し
てどのように改善をするか、いつ改善するのか、改善できない場合は改
善できない理由をしっかりと伝えるように経営者の方にはご理解をい
ただき対応をしました。従業員の方々は、「自分の言うとおりにしてく
れない」ではなく「自分の意見に耳も傾けてくれないし、回答もくれ
ない」ということに対して、反発心を生むのだということがわかりま
した。できない場合でもしっかり理由を伝えれば理解はしてくれます。
「言っても無駄だ。好き勝手にしか言わない」と思わずに対応すること
が重要です。

　情報共有の面では、会議での伝達だけではなく社員専用の WEB サイ
トを用意し、そのサイト内で、「社長メッセージ、各連絡事項、売上目
標・進捗、各規程など」を一元管理し、全社員に共有する取り組みをス
タートしました。

　この社員専用サイトもしっかり定着し、何かあれば「あのサイトに
載ってますよね？」「あのサイトにあげればいいよね」という会話が生
まれるようになりました。実際に数字を収集して会議をするという部分
については、まだまだこれからという段階ですが、コミュニケーション
の活性化と情報共有という組織を運営する上で必要不可欠な部分を築く

　ことができ、経営者の方・従業員の皆様からも非常に良い評価をいただいています。

　現在は、まだまだたくさんの問題があるものの、売上は回復傾向にあり今後は新規事業などを行うことによって増益できる状態になっています。これらも会議を通じてコミュニケーションが活発になったおかげであると言えます。

　また新たな取り組みとして在庫管理に着手をしました。もともとこのクライアントでは在庫管理がされておらず、各店舗に在庫がいくらあるのかがわからない状態でした。そこで弊社の方で簡易的な在庫管理システムを作り、すべての見える化を進めていきました。

　今まで行っていなかった仕事であるため、スタッフの皆さんから多くのご不満の表明をいただきましたが、在庫とキャッシュフローの関係な

どを会議時に複数回説明し、集計を取ることができました。今後は、この在庫をいかに適正にするのかについて話し合いながら進めていく予定です（具体的な金額はお伝え出来ませんが、予想よりかなり在庫がありました）。

　一方、大きな問題としては、現在、十分な社員数がおらず、やる気は十分な状況でももっと数字を集計するとか新しいことをどんどん始めていくということが物理的に厳しい面もあります。在庫管理になかなか着手できなかったのもこの問題が大きく影響しています。しかし、経営者の方との会議や各店舗のスタッフの方との会議では前向きかつポジティブな意見が多く、まだまだ挑戦すべきことや取り組むべき課題は山積しています。このような状況を踏まえ、社員の皆さんが業務過多にならないように、でもより良い会社になっていくために徐々にやることを増やす（店舗コンセプトの再設定、ライバル調査、数字の集計やお客様アンケートの集計など）ように経営者の方と一緒に気を付けながら対応をしています。今後は、会議体をますます充実したものにしていくため、「お客様の声をもっと聴く（アンケート）」「お店の魅力を発信する（ブログやSNSなど）」「数字で現状を把握する（管理会計）」をどのように活用していくかがポイントになると考えています。

【コンサルのだいご味と留意点】

　コンサルティングサービスは、一見すると派手な印象があるかもしれませんが、クライアントが主役となり、その主役が力を発揮するため陰でサポートをする地道な業務です。

　そんな業務でも経営者の方から「あなたのおかげで良い会社になってきた」、従業員の方から「齊藤さんが来てから仕事がしやすくなった」と言われた時は本当にやりがいを感じます。

　ただし、留意すべき点もあります。

　それは、自分が陰のサポート役であることを忘れ、どんどん前面に出てしまうような状況になってしまうことです。
「あなたのおかげ」と言われて悪い気になる人はいないでしょう。その反面、気を付けないと「この会社は自分がいないといけないんだ」と誤った認識をしてしまうこともあります。

　私自身お客様から、「もっと指示をしてほしい」と依頼を受けて、鵜呑みにして指示を出してしまった結果、「先生みたいで嫌だ」と言われてしまった苦い経験もあります。コンサルティング業にある特徴的な留意点なのではないでしょうか？

　たくさんの会社様やそこで働く人たちと一緒に良い会社作りができるということがこの管理会計コンサルティングのだいご味だと思います。

　加えて必要な資質として「忍耐力」をあげることができます。
　必要なのが指導力などではないことは、今までのこの管理会計コンサルティングの特徴からもわかるのではないでしょうか？　しかし、忍耐力がないと「何回言ってもやってくれない」「全然変わらない」「同じことを何回言えばいいのだろう」「なんでこの施策が思いつかないのだろう」とあきらめてしまったり、口を出しすぎるとうまくいかない可能性が大きいでしょう。

「指導してあげたら喜ばれるのでは？」

　このように思う方もいらっしゃるかもしれませんが、本人たちが自発的にやろうと思って取り組むのと、こちらからの指導ではモチベーションに差が出てしまいます。

　私自身も発言する時には、「伝える内容の１割ぐらい伝わればOK」という姿勢で伝えています。１割伝わるのであれば、粘り強く10回伝えれば伝わるというスタンスです。

　忍耐力……私も得意ではありませんが、必須の特徴だと思います。

２．北海道

税理士業務とコンサルティングの違いに四苦八苦

■自己紹介

　私は、2020年9月からの札幌での第二期管理会計養成塾を受講しました。普段は藤本さんと同じく税理士を生業にしております。コロナ禍前に別の用件で藤本さんと電話で話をした際に、今若い税理士を集めて管理会計コンサルタントの養成塾をやっているという話を聞き、「次回は是非私にも声を掛けてください！」とお願いしたのが受講のきっかけです。10年後無くなる業種として税理士が挙げられて久しく、何かこれという税理士事務所の周辺業務は無いものかとずっと探していた私にとって、藤本さんの管理会計コンサルは直観的に「これだ！」と強く感じるものでした。

■管理会計養成塾では

　管理会計のコンサルタントは、参加者にできるだけ話をしてもらい自分の意見はあまり言わないことや、現場から細かな数値（俗に言う現場データ）を出してもらいそのデータを基に参加者に話し合いをしてもらうこと等を学びました。ただ、その場で私自身の腑に落ちるまでには至りませんでした。

　また、自分の経営理念ワークシートやビジョン構築シートを作成し、自分がどんなことを考えているのか改めて文字や数値にする機会になりました。3C分析やSWOT分析を行い、普段意識が低くなっている項目がたくさんあることに気づきました。他の塾生に自身の経営上の困りごとを話すワークでは、自分の恥ずかしい部分を開陳するような気分になりました。他の塾生の困りごとをヒアリングするワークは、聞きながら全体を把握する難しさを感じました。これらは、コンサルタントとして

自分自身を客観的に見る良い訓練になったと感じています。

■管理会計コンサル開始の経緯

　2021年2月に養成塾最終回を終え、これは実戦をしてみないとピンとはこないなと思った私は、税理士事務所のクライアントの一社である飲食店に話をして4月からコンサルを開始することになりました。その代表者からは既に経営理念作成のための相談を受けており、経営に対する意識も高く、代表者が主要メンバーとも常時詳細な打ち合わせを行っているという一見問題の見当たらない会社です。ただ、長く勤めた料理長が代わったばかりであり、コロナ禍が明けたら新店開店の予定もありましたので、いま改めてチーム力を高めておくことが重要だと感じた私は、その考えを代表者に熱く話し快諾を得ました。

■まずは準備！

　代表者と話し合い、何十人も従業員がいる会社ではないので、社長ミーティングとプロジェクトミーティングを月一回行うことから始めることになりました。

　プロジェクトミーティングのメンバーは代表者、料理長、ホールスタッフ2名で、男女半々、年齢幅も20歳くらいありました。そして、ミーティングの開催は市場の休みの関係で水曜日が良いということになりました。

　第一回は前週の土曜日から準備を始めれば充分かなと高をくくって私の管理会計コンサルはスタートしました。様子見としてSWOT分析か3C分析をやってみようと軽く考え、まず翌日配達のインターネットサイトで大きな付箋と模造紙を注文しました。養成塾の中で取り組んだ付箋をペタペタ貼るワークは結構楽しかったので、一回目はペタペタありが良いなと思っていました。準備の中では養成塾のときの資料も見返し、みんなから何も出て来なかったらこんな話を振ってみようとか、こんな資料を見せてみようとか、時間が余ったとき用の小ネタのイメージが膨らみ、どんどん楽しみになってきました。

土日をかけて万全と思われる準備をし、さて月曜日、付箋と模造紙が届かない。火曜日……も届かない。模造紙が無いと随分予定が変わってくるぞと、事務所にある小さな付箋とホワイトボードでできそうなアクションプランの作成に変更し、あとは質問ワークのシートをたくさん作ることにしました。みんなが話せる共通のテーマは何だろう、私がみんなのことを知る手掛かりになるワークはどんなものだろう……在庫とは何でしょう？　利益とは何でしょう？　サービスとはどういうことですか？　この中でどのコース料理が得ですか？　仕事での困りごとは何ですか？　仕事の中で楽しいことはどんなことですか？　……3〜5分で終わりそうな質問ワークを数種類考え、気づけば既に日は変わっていました。

■いざスタート！
　結局事務用品も届かず、私にとって第一回のプロジェクトミーティングは多難のスタートとなりました。
　午前中は、質問ワークをやることにしました。裏にして内容がわからないようにした質問ワークの用紙をメンバーに一枚引いてもらって、時間の限りこの内容をみんなで掘り下げました。短い時間を区切って書いてもらったことが幸いしたのか、勢いで作ったワークの内容がかえって良かったのか、それぞれの参加者は集中してワークに取り組んでくれた感じでした。面白かったのは、「人生での困りごとは何ですか？」というワークの質問に、一応メンバー同士には信頼関係があると知りながらも、私との信頼関係を損ねないようにと「他のメンバーに内容を公表して欲しくないという方は言ってくださいね」と伝えて始めようとしたら、代表者が手を挙げたことです。そこに書かれていた内容に目をやると、その代表者の人間的な優しさとトップとしてのプライドや苦悩が表現されていて、なるほどこれがある部分本当の彼の姿かと、その代表者をより近くに感じました。
　午後は、小さな付箋をホワイトボードに貼りながら、アクションプランを作成しましたが、50ものアクションプランが出ました。その内容

の一つ一つにそれぞれのメンバーの個性を感じ、現場での臨場感があり、他のメンバーからの意見も出てとても盛り上がりました。

　プロジェクトミーティングに参加する全てのメンバーと既に面識がありましたが、特に新料理長のことをもう少し知りたいと思い、第二回の前に個人面談をさせてもらうことを代表者にお願いしました。少しでもみんなの時間ロスが少なくなるように、お店の近くのホテルのラウンジを使い、終わったら次の方に声を掛けて呼んでもらう方式にしました。面談ではできるだけ話をしてもらうことを意識しつつ、沈黙が続いてしまったときのために49の質問を考えて臨みましたが、その心配は杞憂に終わりました。一人1時間を目途にと伝えてスタートしましたが、それぞれ30分くらいずつ延長しながらいろいろ話をしてくれ、事前に考えた質問はそれぞれ20個くらいしか聞けませんでした。今思うとですが、この個人面談はタイミングも含めてとても良かったなと感じています。

　第二回、第三回と、SWOT分析や3C分析を組み込みながら、また現場データを少しずつ出してもらいながら回を進めました。第三回ミーティング後の2021年7月に行われた北海道管理会計研究会主催の岐阜大学の篠田教授の「管理会計と心理学」というWebセミナーが私にはとてもイメージしやすくインパクトも大きかったので、第四回にその内容を盛り込み、第五回にもかなりの範囲を復習しました。調理人の世界は、心理的安全性が確保されない状態で組織が作られていく縦の関係のイメージが強かったので、心理的安全性について共に勉強しました。その後第四回と第五回の間に実際に料理長と若い調理人との間でトラブルが起きていたようで、後に「代表から何か具体的に聞いていたんですか？」と参加メンバーからメールで問い合わせがあったほどとてもタイムリーな内容となりました。

　第五回には現場データを中心に話ができる体制になってきました。料理長からは、仕入先の仕入商品の比率や仕入先別の金額比較やその変遷などの資料が提供され、「あの魚のレベルでこんな仕入値なんだ……」とか「あのお客様のときのあのメニューは別のお客様でも……」など私

に詳細はわからなくても、プロジェクトメンバーは改めて店で起きていることを深く知り、それを共有する機会になったようでした。「あっ、これこれこの感じ！　すごくいい感じ！」と参加者のやり取りで私が実感する場面が多くありました。更に、ホールスタッフから出てきた現場データが圧巻でした。ある一日のランチ時に来店された４組のお客様の管理情報なのですが、コース料理の提供に際してそれぞれの料理について、何時何分にお客様に次の料理の声掛けをして何時何分にどの料理を実際に提供したかを色分けして一覧にしたものでした。サービスのタイミングも見計らいながら、この現場データのための情報をメモするのは恐ろしく大変だったことは容易に想像できます。次の料理のオーダーのタイミングが重なったときの調理スタッフの対応の話が出たり、同じコースなのに違う料理だった理由（来店頻度や好き嫌い等）の話に広がったりと、代表者がその現場に居なくても、このコンサルの中で現場の状況がイメージできるとても良いミーティングになってきたなと感じました。そして出てきた現場データは未来にも活きる（例えば今回のホールスタッフからの現場データは、今後新しいホールスタッフが入ったときに、お客様に次の料理の声を掛けたり料理を出したりするタイミングや、そのお客様の属性に合わせた対応の変え方がイメージしやすい）ものであることは間違いありません。

■ 今、気づくこと

　普段の税理士の仕事では、法律やルールの枠組みやその考え方をこちらから説明することが多く、気を抜くと、みんなにできるだけ話してもらうという管理会計コンサルの基本を忘れてしまいます。今思えば第一回にアクションプランは無謀だったなとか、経験が少ない現段階では、逸れた話を元にもどすのに苦労をしたりなど、反省点もたくさんあります。間が空くのを怖がって準備を入念にしすぎると、メンバーが自発的に考え活動することを妨げてしまうということも少しずつ感じています。そして前回ミーティングの議事録作成もまだ慣れず大変です。ただ、トラブルや脱線は多々ありながらもその中で発見できるものもあ

り、まだまだ自分はこれからだと理解しつつもこの管理会計というツールを使いながら道なき道を行く楽しさを感じています。また、この管理会計コンサルの中でミーティング参加メンバーとの一体感を得られる瞬間は、普段の仕事とは違う種類の充実感が残るものです。

　代表者が言っていました。「みんなと充分に話し合ってきたつもりだけれど、この場では意外な話が結構出てくる」この繰り返しが、チーム力を育てる機会になると私は信じています。そして、これからどんどん現場データを集め、それがどこに続いていくのかを楽しみに、今後も経験を積み上げていこうと思っています。

コラム10
コミュニケーションツールとして
の管理会計

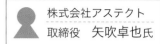

株式会社アステクト
取締役　矢吹卓也氏

■自己紹介

　私は渋谷区と大田区に拠点を置く株式会社アステクトという保険代理店の役員をしております。またそれと同時に、中小企業診断士として中小企業に対するコンサルティングも業務として行っています。中小企業診断士としては、2019年に合格したのちに翌年から活動を開始したので丸3年が経過したところです。一方、保険の営業を始めてからは24年が経過していて、ほぼ四半世紀となりました。

■当社の課題を解決し得る管理会計コンサルティング

　私が経営陣の一員として所属する"損害保険をベースとした保険代理店"を取り巻く環境は近年大きく変化しています。具体的には「ネットを通じた個人向け商品の充実化」と「保険代理店の集約化」という二つの大きな流れになります。ネットを通じた保険商品の充実化は、「保険会社（メーカー）⇒保険代理店⇒顧客」という保険商品の流通において保険代理店が不要となり、その存在価値が低下する要因となっています。また、保険会社は小規模代理店を集約化して管理に割く人員やコストを削減しており、今後もその流れが加速することが予測されています。企業顧客の少ない個人顧客が中心の小規模保険代理店は淘汰され、市場からの撤退を余儀なくされている状況です。そのような環境の中で中小企業における保険の市場は、専門的な知識や経験が必要であり、かつ企業側（社長）の幅広いニーズも存在する市場です。つまり、まだまだ保険代理店の介在する必要がある大きな市場となっています。そのため、中小企業に対する提供価値の向上は損害保険をベースとした保険代理店の最も重要な課題となっている状況です。

■管理会計コンサルティングとの出会い

　上記のような"損害保険をベースとした保険代理店"の課題があるなかで、中小企業に対する提供価値の向上を図るためにも中小企業診断士を取得しました。しかしながら、それだけでは中小企業の現場における課題を解決できるコンサルティング能力が身につくわけではありませんでした。そこで藤本さんとの出会いのきっかけとなるキャッシュフローコーチに参加していろいろと学んでいたところ、藤本さんの講演を拝聴する機会がありました。講演の中では、どのようにして中小企業に対して価値提供を行っているか、現場データの実例をご紹介いただきながらとても分かりやすくお話しいただきました。また、SWOT 分析や3C 分析など、中小企業診断士にとってはおなじみのツールについて、実際どのように現場において活用されているのか、その実践的な活用方法にも驚きと発見がありました。私は単に「経営コンサルタントや経営者が経営戦略を練るためのツール」としか認識していませんでしたが、藤本さんはコミュニケーションツールとして更に進化させた形で使っていらっしゃいました。この公演をきっかけに「きっと当社のお客様にも管理会計コンサルティングを求めているお客様がいる！」と思い、更に学びを深めてお客様へ貢献できるように管理会計コンサルティングを受講しました。

■コンサルティング現場での管理会計コンサルティングの活用

　コンサルティング現場においては、「数字はコミュニケーションツールである」という教えを意識しながら活用しています。コンサルティング先の事例を簡単ではありますがご紹介させていただきます。この事業者様は、税理士が毎月訪問して売上や固定費などの確認を実施しているような、売上に関わる数字管理はある程度行っている事業者様でした。原価についてもシステムを導入していて取引先ごとの限界利益率を比較的正確に把握していました。しかしながら、過去の数字は把握できているものの、中長期のビジョンがなく、直近の資金繰表も作成していないため、靄のかかった状態で経営している状況でした。そのため、まずは

資金繰表の作成と中長期のビジョンを作成するための支援を行っていました。支援を行う中で、社長をはじめとした経営陣がそれぞれ会社におけるトップ営業パーソンであり、日々忙しく現場対応に追われているため、経営陣同士のコミュニケーションに隔たりが生じている状況であることも分かってきました。当初は社長だけを対象に面談を行っていましたが、「数字をツールとしてコミュニケーションをとることが重要であること」を伝えたところ、月次のコンサルティングの場に専務も同席していただくことになりました。当初は固い表情で参加なさっていた専務でしたが、今では胸襟を開いて毎月の打ち合わせを前向きに捉えてご参加いただいています。「数字はコミュニケーションを図るためのツールである」ことが腹落ちすることで円滑な意思疎通を図れるようになりました。当初は社長と専務の間でコミュニケーションのズレが生じていて、それが社内全体の雰囲気に悪い影響を与えていましたが、数字をもとにしたコミュニケーションを図ることで関係性が改善され、業績にも良い影響を与えるようになりました。

■今後について

　私が所属していた保険代理店は今年（2023年）の10月に新設合併を行い、株式会社アステクトとして新たなスタートを切りました。それに伴い顧客としてお付き合いのある法人数も2,000社を超えています。そのお客様のなかには管理会計コンサルティングを求めている潜在的な企業が数多く存在すると思います。当社とお付き合いいただいている法人顧客に対してしっかりと価値を提供して、その成長のお手伝いができるような仕組みを構築していきたいと考えています。そのためにも、今後も管理会計コンサルティングのコミュニティーに参加するなどして学び続けてまいります。藤本さん、篠田先生、今後とも何卒よろしくお願いいたします！

3．宮城県

担当執筆者：平塚喜一

財務会計から管理会計へドリルダウン

■自己紹介

　私は2004年に宮城県仙台市で税理士事務所を開業した税理士です。監査法人及び公認会計士事務所に勤務した時代を通算すると、業界での経験年数は37年になります。一人で独立開業した時は顧問先がゼロの状態からスタートし、現在はスタッフ6名で税務会計業務を主体として事務所を運営しています。

　私の実家は世界三大漁場といわれる太平洋の金華山沖からほど近い女川港で水産加工業（鰹節の製造販売）を営んでいました。住み込みの職人が常時15名ほどいた中で育った私は、幼い時分から人を使うことの難しさや、年に一度税務申告することの大変さを感じながら育ってきました。家業を継ぐことを使命と思っていた私が中学2年生の頃ですが、200海里水域制限問題が派生したことから、漁業及び水産加工業の将来性に疑問を持った祖父及び父より、自分で将来を決めるよう通告を受けました。ショックを受けたものの、そこから私の新たな模索が始まりました。高校から大学に進学するときの進路に経営学部を選んだのは、経営学を学び企業の経営に役立つアドバイスを行える税理士になりたいと考えたからでした。卒業後監査法人では監査補助者として公開企業の経理制度や原価計算制度を見る機会に恵まれたのはとても幸運でした。加えて上場MASや事業再生コンサルのチームでの経験は一般的な会計事務所勤務では得難いものであったと思っています。当時、企業支援という言葉が「コンサルティング」として広まりつつあった時代であり、税理士資格をもった「コンサルタント」になろうと決意したのは30歳の時です。それから一般的な税務会計業務を行いながら、経営者の課題についてアドバイスすることを念頭に業務を行ってきました。経営革新等

145

支援機関としての登録を行い経営改善計画策定や資金繰り相談などの業務を進めている中、藤本さんの「管理会計コンサル」養成塾に参加する機会があり現在に至っています。

■養成塾

　藤本さんの話で強く共感できたのが「コンサルタントが解答を提供するわけではなくて、クライアントの社長や従業員が意見を出せる環境を作り、一緒に課題の解決策を考えていくこと」という点です。私はややもすると机上での理論から「こうすべき」といった解決策を知らず知らずに押し付けていないかという疑問がありましたので、目線をフラットにしてクライアントの実行性を引き出す黒子になることがコンサルタントとしての望ましい姿であるとわかった瞬間でもありました。「管理会計コンサル」の進め方はクライアントに対して様々なやり方があるものの「コンサルティングメニュー」を提示することで「提供しようとするサービスの説明」がとてもしやすくなりました。

■管理会計コンサル着手

　養成塾の最終回を迎える2020年11月に、それまで税務顧問だったクライアントから契約を頂きました。税務顧問としての業務を超えて関与していたことを社長が認めてくださっていたということであり、クライアントの成長に私が支援できることがとてもうれしく思いました。当初提案した「コンサルティングメニュー」のなかで、特に経営会議と決算報告会に重点をおいた経営支援業務になっています。

　この3年間は事業承継税制に関連した相談が増加したことから、「経営承継」の視点で「管理会計コンサル」提案を行いました。その結果「事業承継税制の利用」と「後継者育成及び企業内管理」のために有効であるということで3社と契約しコンサルティング業務を行っています。

■事例会社

　事例会社は18年前から税務顧問をしているクライアントです。毎月15日に当事務所のスタッフが訪問して午前中に月次試算表と経営会議資料（後掲のＢ表）を作成します。午後１時に私が訪問してそこから３時まで役員２名と現場担当者と経営会議を行っています。

　業種は水産業（鮮魚の卸売り）で、役員を含めて16名、年商12億円規模の中小企業です。前任の顧問税理士は高齢で年１回の税務申告が主業務でありアドバイスを受ける機会もなかったということでした。社長からは「経理業務を外部委託したい」「計数管理のためにアドバイスが欲しい」という要望があり、取引先から私が紹介を受け関与することになりました。

　事例会社のビジネスモデル俯瞰図は以下の通りです。典型的な鮮魚の卸売業です。

　事例会社は、役員２名、現場担当者（仕入及び営業担当）４名、工場７名、営業経理及び総務３名の人員で業務を行っていました。社長は経理に詳しいわけではなく、税理士が作った決算書を見ても、売上と給与ぐらいしかピンとこなかったようでした。そのため、月次の試算表の丁

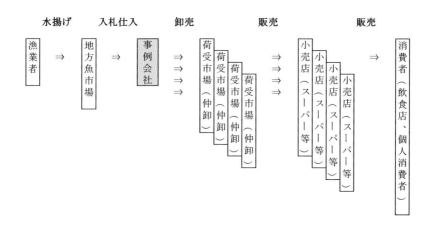

寧な説明と早めの決算政策打ち合わせを行っていきました。

　それなりの売上規模を作れるようになってきた頃の2011年3月11日に東日本大震災がおきて、事例会社は壊滅的な打撃を受け、再起も危ぶまれる状況になりました。今から12年前のことです。被災後4カ月経ったころ、生活拠点が落ち着いた社長と会うことができ今後について話すことができました。

　その時の社長の言葉は「先生、海がある限り俺たちの仕事に限界は無い。ただし、これからはやり方を変える。魚市場に揚がる魚を選別して荷受市場（仲卸）に小さいロットで販売する。大手も地元の同業者も面倒くさくてやらないことをうちの会社でやる」ということでした。それまでは、毎日地元の魚市場に水揚げされる旬の魚を入札により仕入し、東日本の各地域の荷受市場に出荷する委託販売方式でした。そのため、会社の希望価格は伝えてあるものの販売を委託している立場なので、後日「いくらで売れました」という内容の売上計算書が届いてから販売価格が分かるという状況でした。仕入及び営業担当者は魚市場からの仕入金額と売上計算書を見ながら「差益がどのぐらい出たか」ぐらいしか興味が無く、販売に係る他の費用には全く無頓着な状態でした。

　社長の掛け声と同時に再出発した会社は売り先である荷受市場（仲卸）のバイヤーと連絡を密に取りながら、ニーズにあった魚種と販売量（ロット）を出荷することに傾注していきました。在庫管理や経営管理についてはまだまだ不正確でしたが、月次決算の報告会の中で問題点を指摘しながら改善を行っていきました。

　この時点では「まず売上を上げること」「荷受市場との信頼関係を高めること」が最重要課題でした。従って月次決算の報告会では月次試算表の報告をしながら、役員と協力して分析を行い、現場からの問題点のヒアリングを行っていました。その時に追加資料として会社に提出した「全部原価損益計算書　A表」は以下の通りです。

全部原価損益計算書　A表

勘定科目	当月実績 (H**.9E)		累計実績 (H**.9E) 5カ月経過	
	金額	構成比	金額	構成比
1．売上高	104,572,338	100.0%	570,371,053	100.0%
2．経費	103,089,598	98.6%	553,866,383	97.1%
☆材料費	68,335,034	65.3%	404,528,686	70.9%
☆人件費	7,614,344	7.3%	42,816,672	7.5%
☆外注費	0	0.0%	0	0.0%
☆包装資材費	9,283,116	8.9%	30,600,211	5.4%
☆砕氷代	1,476,505	1.4%	7,780,039	1.4%
☆設備管理費	608,700	0.6%	4,095,500	0.7%
☆販売運搬費	7,636,180	7.3%	32,169,426	5.6%
☆販売手数料	2,704,790	2.6%	10,318,197	1.8%
☆その他経費	3,554,927	3.4%	23,164,205	4.1%
☆財務費用	98,050	0.1%	−579,889	−0.1%
☆在庫調整額	1,777,952	1.7%	−1,026,664	−0.2%
☆損益調整勘定	0	0.0%	0	0.0%
★経常損益	1,482,740	1.4%	16,504,670	2.9%

　A表は月次の試算表を要約したものですが、経営者の頭の中にある経費（費用）の考え方を整理して機能的に分類集計したものです。月次の試算表では費用科目が細分化されすぎているため、わかりにくかったようですが、この表により「売上金額に占める各費用の割合がわかりやすくなった」と喜ばれました。

　月次試算表から要約しただけの資料がこれほど喜ばれるのならと、次に私は、費用を変動費と固定費に分解して、月次と累計の「変動損益計算書　B表」を提示することにしてみました。

　その目的は、月次決算の報告会で管理会計のエッセンスを取り入れて、財務会計による損益計算書だけではわからない当社の利益構造を明らかにすることでした。

全社変動損益計算書　Ｂ表

勘定科目	当月実績（H**.9E）		累計実績（H**.9E）5カ月経過	
	金　額	構成比	金　額	構成比
１．売上高	104,572,338	100.0%	570,371,053	100.0%
２．変動費	92,146,399	88.1%	491,629,677	86.2%
☆製造変動費	79,094,655	75.6%	442,908,936	77.7%
材料費	68,335,034	65.3%	404,528,686	70.9%
外注費（労務）	0	0.0%	0	0.0%
包装資材費	9,283,116	8.9%	30,600,211	5.4%
砕氷代	1,476,505	1.4%	7,780,039	1.4%
☆販管変動費	13,051,744	12.5%	48,720,741	8.5%
製品在庫	1,777,952	1.7%	−1,026,664	−0.2%
販売運搬費	7,636,180	7.3%	32,169,426	5.6%
販売手数料	2,704,790	2.6%	10,318,197	1.8%
その他 販売費	932,822	0.9%	7,259,782	1.3%
★限界利益	12,425,939	11.9%	78,741,376	13.8%
３．固定費	10,943,199	10.5%	62,236,706	10.9%
☆製造固定費	7,110,885	6.8%	41,903,146	7.3%
人件費	6,314,344	6.0%	36,316,672	6.4%
設備管理費	608,700	0.6%	4,095,500	0.7%
その他製造費	187,841	0.2%	1,490,974	0.3%
☆販売固定費	3,734,264	3.6%	20,913,449	3.7%
人件費	1,300,000	1.2%	6,500,000	1.1%
販売運搬費	0	0.0%	0	0.0%
その他管理費	2,434,264	2.3%	14,413,449	2.5%
☆財務費用	98,050	0.1%	−579,889	−0.1%
営業外収益	133,472	0.1%	1,735,035	0.3%
営業外費用	231,522	0.2%	1,155,146	0.2%
☆損益調整勘定	0		0	
★経常損益	1,482,740	1.4%	16,504,670	2.9%

この表を提示しながら、費用には「売上に反応して増減する費用（変

動費）」と「売上に関係なく固定的に発生する費用（固定費）」の２種類
があることを説明し続けました。

　次に変動損益計算書の売上高から限界利益までの部分について、現場
担当者（仕入及び営業担当者）に各自で作成してもらうことにしまし
た。それが下記のＣ表です。

　現場担当者４人に「１カ月間で自分が行った仕入と売上に加えて、か
かった費用を毎月各自に集計してもらい、翌月の10日までに役員へ提
出すること」をルール化し、Ｃ表と確定したＢ表とすり合わせをするこ
とにしました。

担当者別限界利益計算表　Ｃ表

勘定科目	当月実績（H**.9E）	
	金　額	構成比
１．売上高	25,636,440	100.0%
２．変動費	21,781,999	85.0%
☆製造変動費	18,429,757	71.9%
材料費	16,663,755	65.0%
外注費（労務）	0	0.0%
包装資材費	1,381,455	5.4%
砕氷代	384,547	1.5%
☆販管変動費	3,352,242	13.1%
製品在庫	564,722	2.2%
販売運搬費	1,281,822	5.0%
販売手数料	1,081,833	4.2%
その他 販売費	423,865	1.7%
★限界利益	3,854,441	15.0%

　当初、各現場担当者に作成してもらった「限界利益計算表」は手書き
の表でしたが、３カ月経った頃から全員がエクセルで作成するようにな
りました。ただしその数値の精度は高いものではなく、現場担当者作成
の限界利益の合計金額とＢ表の限界利益には300万円以上の差異がある

期間が半年ほど続きました。その間は、役員と共同でその差額が出る原因を突き止める作業を行いました。差異が出る主な原因は、各現場担当者が運賃単価や包装資材単価、販売手数料について古い概算値を使って計算していたことと、在庫と限界利益の関係が分からず、自分の問題として考えず、集計していなかったことでした。

　そこで営業経理担当者から売上、仕入、在庫情報について、管理ソフトからの情報を現場担当者（仕入及び営業担当者）に開示するようしました。販売運搬費（運賃）については運送会社の請求書を確認して、自分が出荷した魚種・出荷先への正確な販売運搬費（運賃）を集計するようになりました。

　これで各人が正確に変動費を計算することができるようになり、差益の把握をリアルタイムで確認することができるようになりました。加えて在庫の異同にも注意を払うようになってきました。

　その後、変動費の比率（売上に対する割合）が変化するごとに、月次決算の報告会では参加者全員で意見交換を行って理由を突き詰めていきました。その結果、「現場感覚での利益」と「確定数値としての利益」では大きく異なることの理解が進み、現場担当者の意識を変えていきました。

■決算報告会

　参加者は、社長、専務、部長及び現場担当者代表１名（私を含めて合計５名）。毎期決算数値報告を行うための資料は２期比較の貸借対照表及び変動損益計算書として、役員報酬部分は販売費人件費に含めて開示しています。

　前期の決算報告会は以下の内容で進みました。まず私が決算の概要と数値説明を行った後に、社長が総括し、その後出席者全員に意見を述べてもらいました。この１年間に考えて行動した結果、うまくいったことや、なかなかうまくいかなかったこと等、現場からのリアルな話を聞くことができます。

　最後に社長から今後の課題についての提起が出されました。「営業エ

リアをどこまで拡げるか？」「業務の中でボトルネックになっている部分を人の採用で埋めることは可能か？」等です。この課題提起について出席者から、「営業エリアを拡げることは可能だが、西日本エリアまで拡げると販売運搬費が倍になるため限界利益が稼げなくなるので、まず仕入差益の高い魚種に絞って展開するのはどうか」「世情では水産関係の仕事に就きたいと考えている若者は減少しているので、すぐの採用は難しいが、人からの紹介で採用できないか積極的に行動してみる」等の活発な意見が出てきました。

　社長は活気づいた会議に満足した様子でした。まだ経営計画を立てるところまでは至っていません。その理由は毎期、魚市場に揚がる魚種や漁獲量、入札値が大きく変動するので売上の計画が作れないという社長の考え方からです。これからの私の支援業務はこれまでの経営会議・決算報告会に加えて、売上目標金額と固定費予算に絞った計画を策定し、財務予算としての資金計画書作成を支援する予定です。

■効果

　変動損益計算書を主体とした経営会議を始めてから４年ほど経過しました。この３年間は新型コロナウイルスの流行による景気低迷が予想されましたが、事例会社では３期連続で増収増益となり当期の決算を迎えそうです。

　その要因はまず現場担当者の意識改善にあったと思います。地方魚市場に毎日揚がる旬の魚を荷受市場へ出荷販売する単調な仕事が、工夫の仕方（販売魚種のマーケティング、変動費のコントロール等）で利益が増えることの楽しさを現場担当者が知り、ひたむきに業務を行った結果であると思います。その結果が荷受市場からの信用増加につながり好循環になっていると感じています。当期は成果配分として決算賞与を出すことも決まりました。

　社長は金融機関から他社との比較で収益性の高さを称賛されたそうです。収益性が高い理由について、変動損益計算書を見せて、それを現場担当者まで展開していることを説明し現状の好業績につながっていると

話したということでした。

■結び

　中小企業の生き残る道は様々でしょうが、大手企業や他社ではあまりやらない事業領域を見出し、現場の課題を数値化する管理会計の考え方は、すぐにできる効果的な経営改善手法であると確信しています。

　現場にいる人たちの考え方や行動を変革するには、その人たちが分かる数値（原単位）をつまびらかにし、全社で課題を共有することが有効な解決策を導き出すことになるでしょう。その時に私たちのような会計人は制度会計を超えて管理会計の有効性を広めていくことが大きな社会貢献につながると信じています。

4．富山県

担当執筆者：越澤勝

管理会計という名の「闇鍋」の調理方法に関して

■自己紹介〜「たどり着いたら中小企業診断士」

　藤本さんと同じ釜の飯を食った恵迪寮とそこに隣接する大学を卒業後、①レコード会社で楽曲・アーティストのプロモーター等を13年、酒と音楽とPRの日々〜②CDディーラーに４年、チェーン店舗の運営管理を学びつつ、音楽の守備範囲がロックからジャズ、ワールド、そしてJ-POPにまで拡張、③コンサート・イベント企画制作会社に１年、プロジェクト管理としての興行の面白さに目覚めるものの〜④会計事務所系コンサルティング会社に１年、税理士社長と大喧嘩して、宮仕えを断念、サラリーマン生活19年で終了。かろうじて③と④の間に取得した⑤中小企業診断士として事務所設立、同時に音楽やイベントへの未練を断ち切れず、⑥コンサート・イベント企画制作会社設立、と流れに任せて辿り着いた結果としての二足の草鞋を履いてもうすぐ20年になります。

　出典は存じ上げませんが「中小企業診断士は足の裏の米粒」（＝取らないと気持ち悪いが、取っても食えない……）とはうまいこと言ったもので、４年間費やして取得した診断士１年目は④で外回りもせず、事務所内でひたすら資料作成や読書（たまに居眠り）、全く外貨を稼がない役立たずでした（それを会社のスキームのせいにして大喧嘩）。

　２年目、さすがに独立したらこれではいかん！　と幼馴染の建材会社社長が参画する住宅関連保証ベンチャー企業にてISO・Pマークの認証取得のサポート業務遂行に４年、並行して中小企業庁の（今でいうところの）中小企業の伴走支援窓口のコーディネーターとして３年、富山と東京の二重生活はいろいろなところで酒が飲めて楽しくもあり、可愛い盛りの息子二人と離れて寂しくもあり、悲喜交々の診断士初期でした

が、今思えばこの時期に得た経験やスキルが現在の自分につながっているのかと思います。

　ベンチャー企業では文書・帳票の管理とその内部根回しを繰り返す中で「現場にとってわかりやすく納得性を持っていただくこと」と「経営者が夢を語りながら現場を鼓舞していくこと」を、そして支援コーディネーターとしては「地域資源活用プログラム」「農商工等連携事業」などの国認定補助金「申請書ブラッシュアップ」を通じて「経営者自らが事業に対する想い・ストーリーを数字で語れること」と「国が求める申請書の書き方のお作法」などの重要性を学ばせていただきました。

■補助金申請書ブラッシュアップにおける管理会計〜「ストーリーと数字の見える化」

　今でこそ補助金の「申請書ブラッシュアップ」は中小企業診断士にとっても一つの活躍の場となっていますが、自分自身としては単なる「申請書作成代行」とはまったく違うスタンスで取り組んでいるつもりです。

　このスタンスは当然のことかとは思いますが、

> (1)新規事業を行うにはその必然性、すなわち既存事業における課題と新規事業に活用できる独自性・強みがあり、その現状分析を十分に行えること
> (2)補助金のコストパフォーマンスを求められており、経営者や担当者がその妥当性を裏付けるための売上計画、収支計画、資金計画の「絵を明確に描ける」こと
> (3)何よりも関わる人たちを「これは面白い!」「売れそうだな!」とワクワクさせられること

　の3つであり、これらの要素を事業主体側が持ちえない場合には支援を辞退することになります。その状態で美辞麗句を並べ、無理に申請書作成を進めても、採択されるとは思えませんし、まかり間違って採択さ

れたとしても、その後の事業自体が円滑に進んでいくとは思われません。今年も支援に着手したものの、上記項目がクリアできずに見送らせていただいた案件がございました（ここでもまた喧嘩……）。

「申請書ブラッシュアップ」において、現在まで長年関係性を継続させていただいているものの一つが、富山県の老舗清酒酒造会社とその関連企業数社によるプロジェクト、いわゆる「ジャパニーズウイスキー」を世界に送り出す共通プラットフォームの各種事業です。

　富山が誇る伝統産業、高岡銅器鋳造技術を活用したウイスキー蒸留器に始まり、ウイスキー製造で最も長期間で重要な熟成工程における IoT 管理技術、日本初となるボトラーズ事業（自社独自の熟成工程を行う独立系瓶詰業者）、ウイスキーのブランドとグループ企業の人的資本を活用した飲食事業、高付加価値熟成が可能となる熟成用ミズナラ樽製造、そして一連の取り組みの革新性を既存事業に活用した新たな発想での清酒造りまでご支援してきました。申請時のヒアリングの場では、事業主体である経営者から次々と新しいアイデア、考え方が湧いてきて、それは上記(1)〜(3)を十分すぎるほど満たしているものでした。私の役割は、それらを論理立ててストーリー構成していくこと、グラフや表を作ってストーリーとの整合性を取っていくこと、すなわち「ストーリーと数字を見える化」していくことのみです。

　上記の各取り組みは現状まですべて事業採択され、もちろん本事業として非常に順調に進んでおり、その結果として売上、利益も伸長しています。

　以前「管理会計コンサルタント協会」ネットミーティング時に「顧問契約結んでいるわけではないですけどねー」とお話ししたら、篠田先生から「もちろん補助金申請書ブラッシュアップは管理会計コンサルティングですよ！」と勇気づけていただいたのは非常にうれしく、その後の支援におけるインセンティブともなり自信を持つことができました。

■「藤本メソッド」との出会い〜まずは「形から入る」

　今となっては時系列の記憶がおぼろげなのですが、藤本さんから「2019年12月に出版記念パーティやるから札幌に来て！（＝ほぼ命令口調）」と言われて前著『中小企業のための管理会計　〜理論と実践〜』を真面目に読み始めました。内容は具体的で分かりやすく、まさに我々が日々直面している現場での事実であり「これは診断士なりたての頃に出会いたかった本だ、やられた！」と深く感じました。

　その後、2021年8月富山での「管理会計コンサルタント養成塾」運営お手伝いから、同年の仙台、そして2022年高松、大阪、東京での養成塾にオブザーバーとして参加させていただきました。その結果、藤本さんの経験から構築した管理会計コンサルティング手法＝「藤本メソッド」を5回転学ばせていただき、理論レベルでは藤本塾長に次ぐ師範代の域だなと、心の中で勝手に自負しております。特に合宿における3C分析〜SWOT分析〜バリューチェーン分析を有機的に連動させながら、最終的に各担当者の具体的なアクションプランにまで落とし込む流れは圧巻でした。

　いざ、実践に当たり、「藤本メソッド」と比べて「自分に最も欠けていることは何だろう？」と自問自答して気づいたのは「やっぱり見た目は大事よね〜」ということ。藤本さんがパッケージデザインを有限会社寺島デザイン制作室代表取締役、アートディレクター・グラフィックデザイナー、寺島賢幸さんと連携していることから「形から入ることが大事だろう、まずは自分のパッケージの変革を！」と、音楽・飲み友達でラジオ番組（富山シティエフエム〈https://city-fm.co.jp/〉『MUSIC FROM D!』）を一緒に作っているパドルアンドチャート、アートディレクター大谷学さん（https://paddlechart.com/）にHP作成を依頼、約半年後に出来上がったのが越澤中小企業診断士事務所HP（https://cossyhall.com/）です。

■最新コンサルティング事例〜「形から本質へ」

　そのHPのおかげで、2023年に入ってから管理会計コンサルティング

として関与しているのが富山市内のとある美容室、経営者が東京の有名店にて修業後、地元で開業した単独店舗です。いきなり携帯電話に経営者からの着信がありました。「売上は確保しているのだが利益が残っているような気がしない」「定期的な研修会などによりスタッフ育成を強化しているがなかなか成長しない」との悩みを抱えているとのことでした。

　早速、面談日を調整して訪店、養成塾のレジュメなどを活用して作成した提案書に沿って、「お金の流れ」と「経営者・スタッフの気持ち」の「見える化」の重要性、「現場データ」の「見える化」によりチーム内部での「考える化」が進むこと、各種ミーティングでの「考える化」が改善のための「行動化」に直結すること、そしてその結果として経営者の貴重な時間が創出されることを説明すると、早速翌月からコンサルティングをスタートすることになりました。決まる時はすんなり決まるものです。

　1回目のミーティングで確認できたこと、そしてその対応策として提案したのは以下のことでした。

- 試算表は会計事務所で毎月作られているものの、現金残高を確認する程度で、わかりやすい説明も「見える化」もされていないこと、また試算表が出来上がってくるタイミングが遅く、迅速な経営改善につなげられていないこと

⇒まずは試算表をなるべく早く出してもらい（目標：翌月10日）、そのデータを基にCF表とブロックパズルを作成して「見える化」を図る。

- 経営者はスタッフとのコミュニケーションを重視、月1回の研修やその後の食事会などを定期的に実施しており、店舗内の雰囲気や人間関係は悪くないが、経営的な視点での「現場データ」の「考える化」は行われていないこと

⇒早いうちに「経営者ミーティング」に加えて、自分の顧客を持っている＝売上を創出している「スタイリスト・ジュニアスタイリ

ストミーティング」を実施する。
- 経営理念は求人広告を出す上で重要と言われたため作っているが、再検討したい。
経営ビジョンに関しては未着手である。
⇒次回以降「経営理念ワーク」「経営ビジョンワーク」を実施する。

この原稿執筆現在（2023年6月29日）管理会計コンサルティングは3カ月目に突入していますが、

- 売上はコロナ禍前に比べて減少傾向であることは否めないが、コロナ禍の影響というよりは、経営者に次いで売上を創出してきたスタイリストの産休によるところが大きい。
- 限界利益率はコロナ禍前に比べて2ポイント程度低下しているが、現在は毎月の棚卸をしていないため、原因究明や改善行動が十分に検討できていない。
- 限界利益に占める人件費の比率である労働分配率はコロナ禍前の数値、そして参考指標であるBAST黒字企業平均と比較して約8ポイント高い。ただし、まもなくスタイリストが産休明けで職場復帰してくることにより限界利益の改善が期待できること、そしてコロナ禍にもかかわらず、2022年4月に2名、そして2023年4月にさらに2名、専門学校卒の新入社員を採用、次世代の中核人材をしっかり育成していきたいとの経営理念に基づく経営者の考え方も尊重していきたい。
- 現状の経営理念は、経営者のスタッフに対する育成方針や想いをストレートに反映したものであり評価できるが、一方で顧客に対して企業としてどうありたいのか、その存在意義に関しての言及は希薄であり、再検討が必要である。

といった多くの課題が浮かび上がってきています。
しかしこの経営者は、美容師という職業自体の発展、女性が圧倒的に

多い職場における環境改善、地元富山での美容師の技術レベル向上、そして顧客に対するより上質な「美しさ＝価値観の提供」を可能とする、高い技術の追求・挑戦に関して明確なビジョン・ポリシーを持っており、それらの想い・ストーリーを独自に構成していくことができる方です。

　2023年8月からの新年度に関しては、毎月の簡便な棚卸の実施、売上や利益に直結する「現場データ」の収集検討、「スタイリスト・ジュニアスタイリストミーティング」の定例化、そして合宿での3C分析〜SWOT分析〜バリューチェーンを有機的に連動させたアクションプラン検討まで実施していく中で「ストーリーと数字の見える化」を継続していく予定です。

■管理会計の醍醐味〜「闇鍋はもっと美味しくなるのか？」
　これまで大学の講義や書籍で「管理会計」というものを少しずつ学び、テクニカル面での手法をコンサルティングの場で活用してきましたが、当協会で「藤本メソッド」や篠田先生の名言「管理会計は闇鍋＝なんでもあり」に出会い、それを実践することでやっと腑に落ちたというのが今の実感です。
　改めて「闇鍋」をネットで検索してみると、

- 斬新な具材、おすすめは、りんご、餃子、たこ焼き、レタス、納豆、明太子、干し芋、ナタデココ、ピーナッツ、チーズ、インスタントラーメンなど
（本当になんでもあり……）
- 亭主が鍋と出汁を用意し、講（会合）の参加者が具材を持ち寄る（＝亭主は管理会計コンサルタント）
- 他の参加者に知られないように暗闇で食材を持ち寄り鍋に入れる（＝守秘義務がもちろん必須）
- 取り出したら完食すること（＝課題を発見したら改善できるまで取り組む）
- 食べられないもの、液体や溶けるものは禁止

（＝仕様のないこと、掴みどころのないものは取り上げない）

と書いてあり、なるほどなと思いました。
一方で、

- 闇鍋は具材の量、種類、そして煮込み時間が増えるほど美味しくなる

とはどこにも書いてありませんでしたが、管理会計に関しては、確実に「もっと、もっと美味くなりますよ！」と自信をもって言えるような気がします。

コラム11
税理士が出会った管理会計
コンサルタント

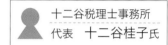

十二谷税理士事務所
代表　十二谷桂子氏

私は子供の時から将来の夢が税理士でした。

どうしてとよく聞かれるのですが、父が経理マンだったり、祖父が近所の八百屋や魚屋の記帳をしていたようになんとなく将来自分もそんな仕事をするもんだと思っていました。

そして22歳からダブルスクールで試験勉強を始め、27歳で5科目合格し晴れて税理士資格を取得しました。

が、実際は記帳代行に申告業務が主たる仕事。

税法はとても奥深くてまだまだ勉強が足りないものの、だんだんこのままでよいのだろうか、いったい何のために税理士になったんだろう、私は税理士という仕事を通じて何がしたいんだろうかと思い悩む日が続きました。

そうしているうちに30歳で独立。

独立は一日でも早いほうが良いと諸先輩方のアドバイスにより、先の見えないまま元勤務していた事務所を退社して独立したのですが、やはり先の見えない日々は変わりませんでした。

しかし仕事も軌道に乗り、顧客も増えるにつれてこのままではただ漠然と職務をこなすだけになってしまうことに危機感を覚え、いろいろな本を読んだり人の話を聞いていくうちにお客様にとっての税理士とは、孤独と言われる経営者に親身に寄り添い、話を聞き、適切な助言を提供できる存在でなくてはこの先長く仕事していけないなあと気づきました。

そんな時に元々飲み仲間の中小企業診断士から管理会計の話を聞き、

求めていた仕事はそれだ！　と感じ、まずは自分が学んで実践していこうと講座に参加させていただきました。一番しっくり来たのは、すぐ数字のことではなくて会社の基本理念を固めようとするコンサル手段であったことでした。まず会社の理念を決めてもらい、経営者に気づいてもらうこと、そこから数字であったり従業員の話を聞くこと。ありそうで今までなかった理論に目からうろこでした。

　まだ報酬をいただいてという仕事まで結びついてはいませんが、管理会計コンサルの手法のかけらを少しずつ従前からのお客様に提示していくことでお客様からの厚い信頼をより一層得られるようになったのか、今まで以上に新規顧客のご紹介は増えております。

　将来的には数社とじっくりおつきあいさせていただくコンサル業務でやっていけたらと思い、少しずつではありますが記帳業務を減らしてシフトチェンジを図っております。

　昨今 AI に乗っ取られる職業として税理士が挙げられておりますが、いろいろな角度からお客様に寄り添っていける管理会計コンサルは今後の税理士の新しい業務としてその可能性を十分に秘めているものと思っております。これからもっとブラッシュアップして有効活用に取り組んでいく所存です。

5．茨城県

担当執筆者：大橋弘子

社員さん主導で行われる原価検証・原価会議の仕組みづくりを目指して　〜数字がコミュニケーションの場を創る〜

■自己紹介
- ◇株式会社スタートアップウェイ代表取締役　大橋弘子
- ◇創業日：2020年4月1日
- ◇本店所在地：東京都港区

◇事業内容

あり方：人を大切にする経営の実践。

やり方：中小企業の人と事業の成長支援。

伴走型コーチ→求められていないアドバイスをすることはありません。

（コンサルタント）毎月1〜2回、顧問先へ訪問。

中小企業（社員数10名から100名程度）において、

1．マーケティングの課題から人やマネジメントへの課題へと移行し、次のステージアップを目指す人と事業の成長支援。

2．家業から企業への生まれ変わりに合わせて、会社としての仕組みづくり。

①一貫した判断基準のブラッシュアップ（ビジョン、ミッション、クレドなどの明文化）

②お金の流れの把握と管理会計導入・運用支援

社員さん主導で行われる原価検証・原価会議の仕組みづくり

③役割の明確化と、スムーズに機能する組織づくり

◇私のスタンス
1．見て見ぬふりをしない→本心でお付き合いさせていただく。
2．目の前にいる人の可能性を信じる。
3．社長と社員さんがご活躍いただけるように、黒子に徹する。
4．顧問先が自走できるようにサポートする。

◇所属先：
1．人を大切にする経営学会
2．（一社）日本キャッシュフローコーチ協会ほか

■事例紹介先企業様の概要
◇法人名：株式会社ダイゼン
◇代表者：代表取締役　前島聡
◇業種：一般廃棄物・産業廃棄物・特別管理産業廃棄物収集運搬業、
高圧洗浄・吸引業
◇社員数：約35名

◇営業原価会議導入のきっかけ
燃料代が値上がりする背景で、社内で共有している見積算定目安はあ
るが、果たしてその目安は適正なのか？　検証したい。

◇経営数字把握状況：
年始に、年度目標として全社損益計画、部門別粗利計画を策定し、月
次で対年度目標に対する進捗を管理する。

◇現場データの収集方法
1．はじめの一歩として、営業社員さんが発行する請求書単位で請求
書別利益管理表を、請求書を発行した営業社員さん自ら作成する。
2．現場スタッフの動きが把握できていない営業社員さんは、作業日
報も作成する。

◇営業原価会議の概要
▪目的（優先度の高いもの順）
　藤本さんにご指導を頂いた「財務（結果）の改善は、現場プロセスの改善を通じてしか成しえない。数字の裏側にはストーリーがある」という考え方を会議上で、毎回、共有しています。

　　1．自社の見積算定基準を粗利率・利益率基準で作るための準備をする。
　　2．日報に基づくマンチャージを計算することで、労務費（1分あたりの賃率）を再考する機会を作る。
　　　現場の見える化→考える化→行動化の促進。
　　3．情報共有：営業社員さん同士のコミュニケーションを図る。
　　4．営業数字の先の見通しをたてる。
　　　例　今後の売上見込・取引先数の把握をし、中長期経営画策定の目安とする。
　　5．万一に備えてデータを営業社員同士で共有する。

▪やり方
　参加メンバー：営業社員さん（社員さんの経営数字の理解度に応じて参加時期は異なる）
　開催頻度：毎月1回・2時間の定期開催。
　会議内容：表1　請求書別利益管理表を営業社員さんが持参し、自分が担当した1〜2事例を発表し、ディスカッションする。
▪効果
　　1．情報共有した結果、コミュニケーションが生まれる。
　　　当たり前のことかもしれませんが、現場のことは、社員さんが一番よくわかっています。
　　　事例発表時、ある請求書の粗利率が他の請求書よりも高い時、なぜそうなったのかをシェアしてください。
　　　すると、日頃の営業社員さんと取引先との信頼関係に基づいて、

受注できていること等がわかります。

どうやって信頼関係を築いているのか？　を他の営業社員さんが聞くことで勉強にもなります。

また、現場の作業日報と表1　請求書別利益管理表を見ながら、現場作業をヒアリングしていくと、この作業にこんなに時間かかってたんだと営業社員さんが気づくこともあります。

2．事例の集積により、自社の粗利率・利益率の適正化を図ることができます。

請求書別利益管理表　　　　　　　　　　　　　　　　　　　　　　　　　　　　　　単位：円

	取引先名	取引先番号	担当者名	作業日	請求書発行日	①売上	②変動費				③粗利①-②	粗利率③/①(%)	④作業人件費			⑤運営費				利益③-④-⑤	車両種類
							処分費	外注費	燃料費	②小計			時間	人数	④作業人件費	車両関連費	高速代	本部経費	⑤小計		
1																					
2																					
3																					
4																					
5																					
6																					
7																					
8																					
9																					
10																					

表1　請求書別利益管理表

業務分類

朝来てから帰るまで何をしているか？

分類番号
例　　掃除/現場作業/移動/事前準備など
時間がかかっているものトップ10を記入

1 現場作業
2 事前準備
3 移動　　現場・処分場
4 休憩
5 片付け
6 洗車
7 掃除
8 打合せ
9 報告書作成
10 搬入

日報	
○月△日	
取引先名	
場所	
作業内容：	
作業員：○名	
時間	分類番号
1:00	
2:00	
3:00	
4:00	
5:00	
6:00	
7:00	
8:00	2・3
9:00	1
10:00	1
11:00	1
12:00	1
13:00	4
14:00	3・10
15:00	5
16:00	7
17:00	2
18:00	
19:00	
20:00	
21:00	
22:00	
23:00	
0:00	

日報

▪会議運営上のコツ

1．主役は社員さん

　現在は、私が進行しています。将来的には、私は参加をせず、営業原価会議の開催を社員さん主導で行っていただきます。

2．脱カンペキ主義でスタートする。

　売上・原価・変動費・粗利・マンチャージ・固定費・利益などの社員さんにとってなじみのない経営数字を理解する。

　↓↓↓

　現場で社員さんが日頃発行してなじみのある請求書ベースで粗利や利益がいくらあるのか？　を算出する。

　表1　請求書別利益管理表は、営業社員さんが請求書を発行後、手入力をして作成し、会議に持参します。

　今月は、忙しくて5件しか入力できなかった、という場合があっても、取り組めたことに対して肯定的に対応をします。最初から完璧を求め、発行した請求書をすべて表1　請求書別利益管理表に入力しなければならないと、社員さんのハードルを高くしないことが長く取り組める秘訣です。

3．社員さんの心理的安全性を担保する。

　営業原価会議というと、目標に対して実績が下回っている時にどう改善していくかを話し合う場……社員さんの立場からすると責められる場と勘違いされがちですが、そうではありません。

　営業原価会議では、心理的安全性を担保しつつ事実をもとに質問をします。

　目的は、数字をコントロールすることではなく、コミュニケーションの場です。

　社員さんのあ〜したい、こ〜したいを引き出しやすくする場です。

　数字の裏に隠れている多くの事実を共有します。

管理会計が実践できている企業は、数字の見える化・行動の見える化ができ、現場の社員さんは、自ら考えて主体的に行動するようになります。

　仕事も楽しくなります。

　その結果、黒字化、利益の最大化をしやすくなります。

　利益創出の担い手は、社員さんである事、社員さんが楽しく工夫をして仕事ができるような場を創り、それを仕組み化し、私がいなくても社員さん主体で運用できるようになることが最終ゴールです。

6. 広島県

担当執筆者：三上次郎

中小企業経営者に必要な会計事務所の具体的要件を考えた事例

【自己紹介】

　1994年から第一地銀に勤務していましたが2017年4月に独立開業し、広島県を中心に活動しています。

　銀行での支店以外の主な経歴は、バブル処理のため債権回収会社への出向が7年、メガバンクの融資企画部への出向が1年、久々にもとの銀行に戻り信用格付の構築に4年関わりました。

　時代に逆行し、HP・SNS・メルマガなどのWeb媒体のみならず、代表電話・看板・表札すらなく、銀行や会計事務所や他のコンサルタントからの紹介だけのリアル戦略のみで運営しています。

　と言いつつ、大学では火星クレータの解析プログラムを作成していたバリバリの理系で、IT大好き人間でもあります。

「業歴が古く財務内容が劣化している先」に対し成功報酬でのコンサルがメイン業務です。

　その他には企業再生、事業再生、売上UP、グループ再編、M&A、民事信託、相続対策、後継者育成、セミナーと称する金融漫談を金融機関や経営コンサルタント向けに行っていますが、いわゆる月次顧問契約は原則対応していません。基本的にはプロジェクト型でのコンサルティングを行っています。

　行政の関与があると手足を縛られてしまい、真にクライアントの為にならないと考えていますので、補助金や405事業は能動的に対応しておりません。

　私が関与した計画にたまたま使えるなら申請することは否定しないとのスタンスです。

　保険の代理業務やFP業務もようやく銀行という名のコンプライアン

ス地獄から脱することが出来たのに、不自由な仕事に戻るのは遠慮したいのでやりません。

　基本スタンスは「真面目にふざける」で、私自身がおもろいと感じることが出来る「根拠あるワクワク」がなければ取り組まないワガママ人間でもあります。

【養成塾がきっかけで、管理会計コンサルをはじめた点】

　私は日本キャッシュフローコーチ協会に所属していますが、その協会会員の経営コンサルタント向けに「三上はなぜ銀行から紹介してもらえるのか？」との趣旨のセミナーを各地で開催しています。

　そのセミナーをコロナ禍のど真ん中に札幌にお招きいただいて開催した際に、延長戦を含めて藤本さんと意気投合したことがきっかけです。

【ご紹介する事案のきっかけ】

　それはコロナ禍が佳境の2022年の春の1本の電話から始まりました。

　私が行きつけの串焼き店T社の大将兼社長（以下Y社長）からの電話でした。

「このままだと廃業を余儀なくされる状況になっているので、何をどうすれば良いのかわからない……恥を忍んで電話をかけた」

　コロナ禍で苦しむY社長が経営コンサルタントである私のことを思い出してくれたのです。

【クライアントの概況】

　Y社長の父親が創業した老舗の串焼き店で、個人事業主時代を含めると40年超の業歴です。

　Y社長は25年前から勤務し、調理は15年前からY社長中心に運営する体制となっていました。

　約10年前、先代である父親が他界された時と同じタイミングで、入居していたテナントビルの耐震工事により転居を余儀なくされ、約5年前に新店舗へ移転しました。この際に多額の設備資金の借入を行いました。

　新店舗で運営開始したタイミングでコロナ禍に見舞われ、行政からの感染拡大防止協力金等による支援もありましたが、店舗規模や返済に全く見合わないためCFが大きくマイナスでした。
　一度は日本政策金融公庫や民間金融機関からのコロナ融資による資金調達をしたものの、売上が全く見えない状況でキャッシュアウトが激しく、追加融資は官民共に謝絶を受けている状況で相談を受けました。

【コロナ前の財務状況】

　一定の収益力はあったものの、会計事務所からの指導は「減価償却を含めたCFは金融機関からの借入に対し返済できるだけで良く、その分の減価償却を得るための車両購入によって赤字経営となっても全く問題ない」とされていました。
「節税が正義」との考えを持っている大変残念な会計事務所でした。
　そのため、数年おきに高級外国車を買い替えすることで、毎年赤字が積み上がり債務超過の状況に陥っていました。

【コンサル導入の前提条件】

　まず私はY社長にこういう問いかけをしました。

　　三　上：「Y社長さん、あなたはなぜこのT社の経営者をしているのか理由を教えて下さい」
　　Y社長：少しキョトンとしながら「父親から継げと言われましたので」
　　三　上：「父親から言われて引き継ぐことも断ることもどちらでもできましたよね。それでも継いだのはなぜでしょうか？」
　　Y社長：腕組みをして考えながら「たしかに……」
　　三　上：「お金のためだけなら、サラリーマンの方が責任の度合いが低くて楽ですよね。でもリスクを背負ってこのT社を引き継いで経営者をしているのはお金儲け以外の何かがあるのではないでしょうか？
　　　　　　例えばどんな時がお店をしていて楽しいですか？」

Ｙ社長：「それは……」

などと、しばらくのあいだ問答があった後に……、

　　Ｙ社長：「『お客様に喜んでいただけることをずっと続けていきた
　　　　　　い』これがしたかったんだぁ！」

Ｙ社長が「経営する本当の理由」に気づいてくれた瞬間でした。

　　三　上：「では、お客さんが喜んでくださることをずっと続けるこ
　　　　　　とが出来るようになるため、今はそれ以外のことは全て棚
　　　　　　上げしても良いですか？」
　　Ｙ社長：「もちろんそれで立ち直れるなら喜んでやります」
　　三　上：「持っている高級車は売却出来ますか？」
　　Ｙ社長：即答で「すぐに売却します」

と言ってすぐに売却して下さいました。
その後Ｙ社長が乗っているのはスクーターです。

さらに厳しい覚悟を社長に問いました。

　　三　上：「現在の気持ちをぶれなく持っている状態で私がコンサル
　　　　　　タントとして関与し、適切な改善を行えば実現性が非常に
　　　　　　高い計画を策定可能です。これまで謝絶を受けていた金融
　　　　　　機関に翻意していただいて、再度融資を受けることくらい
　　　　　　であれば十二分に可能です。しかしながらコロナによる影
　　　　　　響がさらに数年継続し計画通りにいかないこともあります
　　　　　　が、その時は自宅を売却する覚悟はありますか？」
　　Ｙ社長：「妻にも相談してのことになり苦渋の決断になりますが、
　　　　　　その時は売却します」

三　　上：「ではどれだけの現金が手元に残るのか最後の砦のシミュ
　　　　　　レーションを行うため、不動産業者に頼んで自宅の査定を
　　　　　　行いましょう」

Ｙ社長：「積極的にそうしてください。最後の砦についてわからな
　　　　　　いまま経営していた自分が恥ずかしくなりました。早くそ
　　　　　　の数字を知りたいです」

経営者としてＹ社長が一段高い所に上った瞬間でした。

三　　上：「もう一つお話しさせていただきたいことがあります。利
　　　　　　益は何のために必要か説明させてください」

と言って、お金のブロックパズルを用いて「企業が続く≒お客さんが
喜んで頂くことを続ける≒利益を確保する」との内容を説明しました。

Ｙ社長：「財務内容を図（ブロックパズル）にするとこんなに分か
　　　　　　りやすいんだぁ！」

深く得心いただいた様子でした。

　私もＹ社長とコンサルティングを通じて一緒に進化したい旨を告げた
ところ、ぜひ共に歩みたいとの意思表示がありましたが、最後にもう一
つ大きな障壁がある事を次のように伝えました。

三　　上：「今の会計事務所の変更は可能ですか？」
Ｙ社長：「長年の付き合いなのでそんなに簡単には……」
三　　上：「今の状況に陥っている事に対して何度か相談されたこと
　　　　　　があるとのことでしたが、今後の未来予測に関するアドバ
　　　　　　イスはありましたか？」
Ｙ社長：「出来上がった決算書の財務指標の解説はありますが、未

来予測の視点からはありませんでした」

三　上：「過去の財務指標で経営に役立てていることは何ですか？」

Ｙ社長：「……ありません」

三　上：「試算表は２～３カ月後に作成とのことですが、試算表を見て役立っていることは何ですか？」

Ｙ社長：「……ありません」

三　上：「そもそも試算表の説明はありますか？」

Ｙ社長：「赤字ですねとか、黒字ですねと言われて数分で終了です」

三　上：「試算表の作成が早くなるような提案はありますか？」

Ｙ社長：「……ありません」

三　上：「試算表の作成が早くなることで、新商品の投入やオペレーションの変更などの効果がより早くわかるようになります。翌月の第１週には『お金のブロックパズル』を作成するためのデータがワンクリックで出力され、さらなる改善施策の実施に早急にとり掛かれる体制になれるとしたら興味がありますか？」

Ｙ社長：「めちゃめちゃ興味があります！」

三　上：「もう一度お尋ねします。今の会計事務所の変更は可能ですか？」

Ｙ社長：「すぐに変更したいです！！！」

　そこで会計をデジタル化することで即日把握できる体制に変更するとともに「管理会計のノウハウ」を活用して具体策を実践するため、管理会計コンサルタントの竹内宏氏とタッグで取り組むこととしました。
　その内容については次節で竹内氏に記述していただきます。

参考文献

和仁達也著『超★ドンブリ経営のすすめ』（ダイヤモンド社、2013年）
篠田朝也・藤本康男共著『中小企業のための管理会計　～理論と実践～』（東京図書出版、2019年）

7．広島県

担当執筆者：竹内宏

中小企業経営者に必要な会計事務所の具体的要件を考えた事例

【自己紹介】

　2022年4月に独立開業をし、広島県を中心に会計DX・会計業務改善コンサルティングを行っております。

　税理士事務所系コンサルティング会社で新卒から10年弱勤務しており、中小企業の経営に関するアドバイスを行っておりました。

　会計業界は近年、技術革新と法律改正により過渡期を迎えており、時代に取り残されないためにはデジタル技術を積極的に取り入れていくことが求められています。

　にもかかわらず、会計業界は依然としてデジタル化に全く追いつけておらず、電子帳簿保存法が2年延期するなど支援が行き届いていない実態が浮き彫りになりました。

　私はこの現状を打破しなければと独立し、インボイス対応・電子帳簿保存法対応を含めた会計業務のデジタル化と効率化を主に提供しております。

【コンサルティングの内容】

　私が三上氏と共同して行ったコンサルティングの内容は下記の4点です。

　　①売上分析・利益改善
　　　タブレットアプリのレジ導入、新商品提案、原価管理
　　②経費削減
　　　インターネット、携帯電話、保険、記帳代行コスト等の削減
　　③試算表作成

スキャナ保存対応のクラウド会計を導入

④顧客満足度の向上

オペレーションマニュアルの作成・店内ポップの導入

会計作成までの動線をデジタル化とともに改善し、会計作成までの時間を短縮しました。

リアルタイムでの売上内容の把握に加え、今までの税理士事務所では会計作成に２～３カ月もかかっていましたが、改善後の現在では翌月１週間以内には試算表が完成する事務フローに変更したため、レジデータや試算表を経営判断の材料として活用できるようになりました。

また併せて、無駄にコストがかかっている契約（インターネット・携帯電話・保険など）を見直し、固定費削減を行いました。

経費削減については抵抗感無く行うことができましたが、税務申告はメールも難しい既存のアナログのみの会計事務所では到底対応できないため、クラウド会計に対応可能な会計事務所へ変更いただくことにしました。

【タブレットアプリのレジ導入】

今回の取り組みにおいて、デジタル化の第一歩であるタブレットアプ

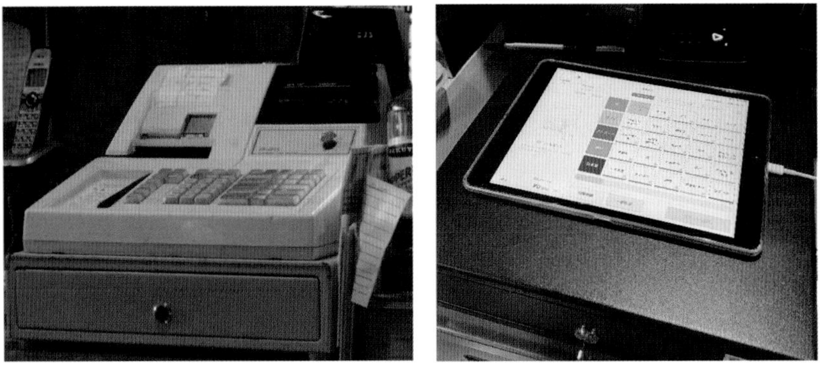

昔ながらのレジスターとタブレットのレジスターの図

リのレジ（以下、レジアプリ）導入から記載いたします。

　お店の伝統にふさわしく、昔ながらのレジスターを使用されておりました。

　現状のレジではいつ何がどれだけ売れたかが全く把握できず、売上分析が全くできない状況だったため、レジアプリ（Airレジ）へ変更を提案しました。

経営判断の材料として、顧客属性・来店時間・滞在時間などのデータも集計できるメリットも伝えたところ、変更の必要性については十分に理解していただけました。

　ただ、新しいものやデジタルに苦手意識があり、当初はかなり抵抗感があったようです。そんな中でも導入に踏み切れたのは、「全てサポートするので任せてください」と私が気持ちをぶつけた事が決め手になったようです。

　実際の導入に際しては、機器の選定、現場での環境整備、レジの初期設定を全てこちらで行い、導入前の操作研修、導入初日は立ち合い、レジ締めなど、万全な体制でサポートを行いました。

　導入当初1カ月は、操作にかかる質問電話を度々受けましたが、今では全く無くなり順調な運用となっています。全員が運用できる体制に早期に移行するためには、正社員に限らずバイトであってもタブレット操作に理解度の高いキーマンを発掘し、相互に教えあう体制を迅速に構築することが肝要となります。

　レジアプリは「コストが高そう」「難しそう」と懸念を示されることが多々ありますが、Airレジを例に挙げると、利用料無料のためハードの購入しか費用はかからず、昔ながらのレジよりも操作性が高いため分かりやすく、相互に教えあう体制の構築ができれば新人バイトでもすぐに操作できるようになります。

　またその他のメリットとしては、会計連携、キャッシュレス導入、電子レシートの発行、インボイスや消費税率変更など今後の法改正への対応が容易になるなど付加価値が高く、小規模店舗のレジ導入はレジアプ

リが非常にお勧めできます。

　レジアプリ導入の結果、その日の売上データをその日のうちにスマホでも確認、比較ができるようになり、当初はデジタル化の効果に猜疑心を持っていたＹ社長も見たいデータがいつでもどこでもすぐに見ることができると大満足される結果となりました。

【価格改定の検討】

　レジアプリの導入によって正確な現状が可視化され、改善策を考える基礎資料を入手できる体制が整いました。その結果、Ｙ社長のイメージとは異なる実態が浮き彫りになりました。

　このタイミングでコロナ禍・円安・ウクライナ侵攻の影響があり、原材料が歴史的な高騰をしました。あらゆる仕入業者から強い値上げを強いられたため、抜本的なメニューの再検討の必要性に迫られました。

　原材料の高騰はピンチですが価格改定を行う際にはチャンスであることをお話しし、前向きなマインドセットを行いました。

　今までは根拠のない経験則による価格設定しか行ってきませんでしたが、今回は管理会計が可能な体制が整っていたため、商品毎の原価を計算し原価率・利益額を把握した上での提案を行いました。

　今回の商品原価の把握は簡易なもので十分であったため、Ｙ社長でも利用できるエクセルで実施しました。販売代金、商品原価を入力すると原価率が表示されるという初歩的な関数だけでシート作成を行い、Ｙ社

原価一覧表

商品名	カテゴリ	単位	原価	単価原価	価格	原価率	利益額	単価原価/原価
	串	本	5,000	300	354	85%	54	17
	串	本	1,200	42	218	19%	176	29
	串	本	3,900	190	263	72%	73	21
	串	本	1,000	120	263	46%	143	8
	串	本	4,000	140	263	53%	123	29
	串	本	1,100	44	218	20%	174	25
	串	本	550	25	200	13%	175	22
	串	本	1,500	60	227	26%	167	25
	串	本	1,000	47	218	22%	171	21
	串	本	220	74	200	37%	126	3
	串	本	398	45	200	23%	155	9

原価一覧表

長自身が原価率を計算できるようになることから始めました。

　その結果、我々の想定通り原価率が80％を超えるような商品が存在していたこと、ビールの原価率がかなり高い事、反対にハイボールの原価率がかなり低いなどの現状を実感してもらえたため、メニューの改善の必要性について理解してもらうことができました。

　そこから価格改定案を考えたものの、目標原価率から構築するとＹ社長の想像以上の値上げになってしまい、「お客様が逃げてしまう」と弱気になり、このタイミングでは原材料高騰の影響を吸収できるほどの価格改定は実現に至りませんでした。

　我々が客観的な立場で見ても、Ｔ社の商品はクオリティの高さに反して相対的に安すぎると感じるほど低価格です。そのため、百聞は一見に如かず、Ｙ社長と一緒に視察飲み会と称して、競合他社への実地調査を行うことを提案しました。聞くと今までは「よそ見をすると味がブレる」との先代の教えがあったこと、Ｙ社長がそもそも酒に弱かったことから、あまり飲みに出る機会が無かったとのことで、一般的な相場を見てもらうには良い機会となりました。

　　Ｙ社長はテーブルに着くとすぐ、
「メニュー表の書き方から何が売りたい商品なのか見える！」
「おいしそうな名前で注文したくなるように見せている！」
「原価率を抑える工夫があっちこっちにある！」
　など思わず声が漏れ出てくるほど他社の経営努力を感じ、変化の必要性を認識するに至りました。
「これまでアドバイスを頂いてきたおかげで、単なる料理人から経営者に成長できたような気がする！」と実感されている様子でした。
　　我々は「価格改定は金額より回数が目に付くため、ある程度期間を空けてから再度検討をしましょう」と締めくくりその日は解散しました。
　　後日、作成した飲み会レポートでの振り返り・実際に導入したいアイデアの確認・ＳＷＯＴ分析を行いました。その中でＴ社のクオリティが一般的な相場と比較して高いことも認識していただくことができたので

価格改定について話をしたところ、おどおどしながら次のように話し始めました。

　　　Ｙ社長：「ごめん、あの後すぐに数品値上げしたんよ」
　　　三上氏：「ええっ!!　あれだけ『期間を空けて』と言いましたよね！？」
　　　Ｙ社長：「実は飲み会の後、最初三上氏に言われた『何のために経営をしているのか』お客様に喜んでもらうことを今後も続けていくためには利益を確保しないといけない、という事を思い出しまして、他店はちゃんとやっているんだと思うと。あの価格設定を見ると、やれん（やっていられない）かったんよ」
　　　三上氏：「竹内氏があれだけ精緻な原価分析と価格提案をしてくれた時には『お客様が逃げてしまう』と言って弱気になっていたじゃないですか！」
　　　Ｙ社長：「竹内さん、ごめんよ〜」と恥ずかしそうにする
　　　竹　内：「では、実地調査の結果を踏まえて、原価率や品質に加えて、お客様の満足度を高めるための施策をさらに増やしましょう！」
　　　Ｙ社長：「おっしゃー！」

　今回の視察飲み会を通して「何のために経営をしているのか」という、経営者として最も大切な想いと考え方を思い出していただけたようです。この一件からは、今まではできない理由を探していたＹ社長が、できるためにはどうすれば良いかという視点で考えるようになり、見違えるほど前向きに行動ができるようになりました。
　やはり百聞は一見に如かず、あれだけ価格改定を渋っていたにもかかわらず、実際に見ていただいた方が圧倒的に腹落ちしたようです。今後、粗利改善方法の検討と、今後の為替変動などを再考し再度精緻な価格改定やお客様の満足度を高める施策を検討しています。

飲み会のレポート

【新商品の考案】

　原価率改善・利益改善の手法として、新商品の開発を提案しました。

　Y社長は女性顧客は１割以下だと想定していましたが、導入により分析出来るようになったレジのデータを見ると、想定以上の約３割が女性客だったことが分かり、女性をターゲットにしたメニュー開発の必要性が浮き彫りになりました。

　女性が注文したくなるメニューは何かを考える中で、Y社長の奥様に意見を聞いたところ、デザートメニューが無いという致命的な欠陥に気づきました。

　メニューにデザートを加えようということは決まったものの、味はもちろんのことT社のイメージ、提供のしやすさ、品質安定性など複数の項目で試行錯誤の結果、アイスクリームが良いのではとの結論に至り開発を進めることになりました。

　エスプレッソ・日本酒のトッピングを加えて、より目を惹くように工夫したにもかかわらず、原価率の概念がY社長にあったため、アレンジを含めた価格設定に根拠をもって検討を進めることができ、目標原価率以下でかつお客様にも喜んで頂ける価格設定ができました。

　お客様が食べたくなるタイミングで全社員が提供できるようにマニュアル作成するなど、さらなるお客様満足度の向上を図る予定です。

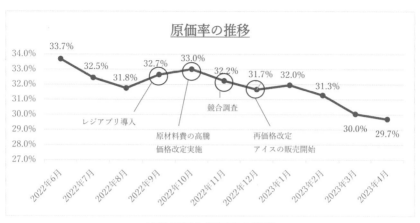

材料原価の原価率の推移

【取り組みの効果】

　原価率改善の効果が少しずつ出始めました。

　前々期33.4%（〜2021年5月）、前期34.5%（〜2022年5月）であった原価率が、徐々に改善していきました。

　Y社長の原価率や顧客満足度への意識が向上したことで、より食べていただきたい商品が理解できたことによる成果だと考えています。

　実際に「お客様が食べたい商品」から「お客様に食べてもらいたい商品」を提案するように意識され、店内ポップの変更やメニューの見せ方を変更したことによる良い効果が出ています。

【金融機関の変化】

　今回の取り組みは金融機関への良い影響がありました。

　Y社長は融資交渉でかなり苦労されており、政府系金融機関からはコロナ融資後の追加融資は2度謝絶され、頼りにしていたメインバンクにも「追加融資はできません」と断られている状況でした。

　そんな中、我々と実施した取り組みを盛り込んだ経営計画書で再度融資の申込をすると、政府系金融機関から「既存融資の増額借り換え」かつ「3年間返済据え置き」の条件を獲得することができました。さらに

別の地域金融機関からも新規融資の提案を受けることができました。

　当初は資金繰りが厳しく資金ショートのリスクがありましたが、管理会計の実践によって老舗の味を守ることができた事例です。

【まとめ】

　今回の取り組みでは、管理会計によって現場を「見える化」することで社員一人ひとりが「考え」、「行動に移す」契機を作ることができ、「見える化」→「考える化」→「行動化」という管理会計のコアともいえるサイクルを生み出すことができました。

　ここまでお読みいただきました皆様にはお分かりの通り、今回執筆させていただいた事例では、会計とデジタル化の融合・その上での情報収集と分析・原価管理など、コンサルティングとしては至ってシンプルでオーソドックスな取り組みしか行っておりません。このような小手先の手法以上に大切なことは、経営者自身に「何のために経営をしているのか」ということを考え十二分に認識していただくことです。Y社長は「お客様に喜んでいただくことを続ける」ために「利益を上げる」ことが経営にとって大切な事だと認識されたため、我々のコンサルティング内容にも前向きに取り組むことができ、その結果として実績を積み重ねることができています。

　今後も経営改善のために、原価率や新商品の開発、お客様の満足度向上を図る施策や、それらを実施できるオペレーションマニュアルの作成を一段と進め、さらなる収益の向上により「地元に親しまれた味」を守る取り組みを継続して行っていく予定です。

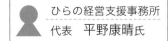
コラム12
想いと数字の見える化が
会社を動かす

1．はじめに

　中小企業診断士の平野康晴と申します。新潟県上越市を拠点に活動しています。「日本の労働生産性と幸福度を向上させる」ことをミッションに掲げ、地域企業一社一社の経営課題解決に伴走しながら、大きな社会課題の解決にも貢献すべく、精力的に活動しております。

中小企業診断士・平野康晴

　主な支援領域は、伴走型支援（顧問契約）、原価計算と値決めの最適化、事業再生、各種計画策定（経営改善計画、中期経営計画等）、セミナー講師、補助金申請支援、資金繰り・資金調達支援、事業承継・M&A支援などです。

2．管理会計コンサルタント養成塾との出会い

　会計事務所出身である私は経営数字に馴染みが深く、経営数字を使ってのコンサルティングを得意としておりました。事業デューデリジェンスにおける現状分析や405事業といわれる経営改善計画策定支援、製造業・建設業の原価計算と値決め最適化、資金調達のための事業計画策定など、あらゆるシーンで財務会計・管理会計両方を駆使してコンサルティング活動をしてきました。経営数字を使って経営改善を成功させることに手応えを感じており、日々の支援活動のなかで、さらにスキルを高めてさらに貢献したいという想いを抱いておりました。

　そんな折、フェイスブックのニュースフィードで「管理会計コンサル

タント養成塾」の開催の情報を発見。藤本さんへ連絡を取り説明を受けてすぐに、2022年度の養成塾に申し込み、受講することになりました。

3．管理会計コンサルタント養成塾での学び

　最も感銘を受けたのは、経営数字を使った手法、テクニックではなく、「気持ち」の見える化、つまり、経営理念やビジョンを確立しその浸透を最優先するということです。数字を使った経済合理性の判断の前に、経営理念が大切であるということ、経営理念の浸透こそが長期的利益につながることを、腹落ちさせてもらいました。

　また、現場データの活用の仕方やまとめ方、社長だけでなく従業員も巻き込んだ数字をベースにした会議の進め方やコミュニケーションの活性化など、「見える化」→「考える化」→「行動化」のサイクルを回す実務上のスキルも沢山学ばせていただきました。

4．クライアントへの還元

　私のクライアントに株式会社越善（新潟県上越市大和）という会社があります。地元で大人気のセルフサービス式のソバ店や学食・病院などの食堂運営受託、地元産コシヒカリの販売を手掛けている会社です。

　その越善さんですが、事業再構築補助金に採択され新規事業を始めたばかりの状況にあります（2023年4月に新規事業開始）。その新規事業とは、障害者の方々を雇用しての弁当製造・宅配事業と、コワーキング

お弁当工場の外観

コワーキングスペース内のセミナールーム

スペースやセミナールームを備え
たレンタルスペース事業の二つで
す。弁当製造・宅配事業について
は、上越市で2例目の就労支援A
型事業所の指定を受けています。
就労支援A型事業所は地域にとっ
て貴重であり、開所式では地元選
出の国会議員や県議会議員、上越

地元TV局のインタビューに答える
常谷社長

市長が軒並み顔を揃えるほど期待と注目を集めています。

　越善の代表である常谷登社長は、とにかく地元に貢献したいという想
いが強く、地元の活性化・発展に情熱を燃やしている方です。常谷社長
と私は今回の新規事業立ち上げにあたり、以下の課題を認識しており、
従業員さんも巻き込みながら、一つ一つ課題解決していこうと意気込み
を新たにしています。

　　　①経営理念の確立と浸透
　　　②経営計画に基づいたPDCAマネジメント
　　　③資金管理の見える化
　　　④部門別・商品別の採算管理徹底
　　　⑤利用者さんの確保・育成と働きやすく働きがいのある職場づくり
　　　⑥組織力の強化と会議体の活性化
　　　⑦計画的・科学的営業による弁当受注数の増加

　越善では新規事業の立ち上げに伴い、多様な人材が集まり、業務内容
も増え、組織マネジメントが複雑になっている状況です。私は、管理会
計コンサルタント養成塾で学んだあり方とやり方を存分に発揮して、課
題解決を支援し、社長のビジョン実現に貢献したいと考えています。

5．おわりに

　中小企業で管理会計を導入し、意思決定や改善に活用しているところは少ないのが現状です。しかし、藤本さんが提唱する管理会計の手法を取り入れ、「見える化」→「考える化」→「行動化」をきちんと回し続ければ、成長と生産性向上は間違いなく実現できると確信しています。管理会計の必要性が広まり、実践し、成果を出す会社が少しでも増えるよう、尽力して参りたいと存じております。

8. 香川県

担当執筆者：髙井美帆

適切な経営判断を支え、会社と働くひとの未来をひらく

■自己紹介

　私は2017年に中小企業診断士登録、2019年に独立し5年目になります。

　私が診断士として企業支援に携わる道に進んだきっかけとなった出来事があります。

　それは、当時勤務していた会社の社長から依頼され、ある資料を作ったことです。依頼された意図も分からず言われるまま作成した資料を見て、社長は「ありがとう、あなたのお陰で会社の置かれている状況がよくわかりました」という言葉をかけてくださったのです。

　それまでの私にとって、経理とは「期日までに試算表を作り、給与計算や支払処理をすること」でした。社長の言葉で、経理とは「社長の判断に役立つ情報を届けること」と気づかされたのです。本当の意味で仕事スイッチが入った38歳、「頼れる経理」を目指して遅咲きのスタートを切る出来事でした。

　とはいえ、実務経験のみで簿記すら体系的に学んだことがなかったため、このままでは思い描く自分になれる気がしませんでした。

　そこで、「経理としてプロフェッショナルに成長して、再び企業の経理に戻る」という目標を掲げ、税理士事務所に転職。事務所勤務時代に中小企業診断士の資格を取得し、最終的に独立コンサルタントとなりました。

■管理会計との出会い
分けることで見えてくる

　私には、企業の経理職を通して予算実績管理の視点から管理会計にな

じみがありました。しかし、今思えば、勤めていた会社は上場企業の子会社で、業績悪化や資金ショートによる倒産の心配をする必要がなかったため、ただルーティンでこなしていただけでした。

　その後の税理士事務所時代に、担当していたお客様から「今期も黒字だと言われたけど、なぜこんなにお金が足りないのか」と問われたことで、「社長のお悩みを解決するために必要な情報を届けられていない」ことに気づかされました。

　お客様のお悩みに寄り添いたい。そこで、決算書からは見えづらい真因をあぶり出すために、お客様の業態に合わせた切り口で、セグメント別（店別・製品別・得意先別など）の分析資料を作成するようになりました。分析資料を基に、どこに問題があるのか・何を変えていくかを話し合い、お客様ご自身に判断していただく。お客様自身が決めたことなので行動につながり、結果が数字に現れてくる。それを労い共に喜ぶとき、「なりたかった自分」に近づいていると感じられました。これが、私にとって本当の意味で管理会計との出会いだったと感じています。

　こうした経験を通して、お客様のために役立つ情報は「分けることで見えてくる」ことを確信していきました。

管理会計コンサル養成塾との出会い

　2022年に藤本さんの管理会計コンサル養成塾を受講する機会を得て、中小企業に管理会計を導入していく全体像を学びました。「ひとの気持ち」と「プロセスの結果としての数字」の両面から行動を変える手法に、自分に足りなかった視点を学ぶことができました。

　また、「管理会計は闇鍋で、何でもあり」の言葉が、これまでの取り組みを肯定してもらえたように感じ、自信にもつながりました。

　私にとって、管理会計の面白さは、お客様に寄り添って商売の流れを理解するとともに、社内の人の顔が浮かぶまでに人間関係を築く過程にあります。管理帳票も、かなりの部分がオーダーメイド。一社一社時間をかけて作り上げる過程を、これからも大切にしていきたいです。

■管理会計導入事例

縁があり、スポットで会社の現状分析を依頼してくださった、製造業企業（以後、A社）での取り組みを紹介します。

原材料や燃料代の高騰、コロナ禍においても上昇する最低賃金の影響を受け、多くの中小企業が厳しい経営の舵取りを強いられる中、A社も打開策を模索されています。

まず現状分析として、直近3期分の会社全体の財務推移を確認することから始めました。直近3期の変動損益推移とともに、同業種の中から売上規模が近いカテゴリのデータを比較対象として設定しました。A社は全ての製造工程を内製化しており、外注加工費がないことから、労働分配率の他社比較については、人件費のみの場合と人件費＋外注加工費の場合とで比較しました。比較対象を人件費＋外注費とした場合でも、A社の数値は劣っているという結果が得られました。

この結果、A社全体での改善すべき課題は「人の生産性向上」であると導き出されました。

表1　A社3期比較・同業種比較表

（単位：千円）

勘定科目		A社			BAST同業種データ		
		3期前	2期前	1期前	黒字企業平均	欠損企業平均	全企業平均
a. 売上高		141,463	144,586	190,574	314,484	155,036	210,329
	材料費	44,111	44,094	62,046	117,386	62,403	83,769
	外注加工費	0	0	0	1,172	530	758
	消耗品費（製）	3,791	4,452	6,755	2,534	1,194	1,671
	その他の変動費	6,849	6,043	6,716	▲18	0	▲6
	①変動費	54,751	54,589	75,518	121,074	64,127	86,192
b. 限界利益(a−①)		86,712	89,997	115,056	193,410	90,909	124,137
（限界利益率　b./a.）		61.3%	62.2%	60.4%	61.5%	58.6%	59.0%
	②人件費	64,902	67,525	87,362	116,391	61,143	80,795
	③設備費	9,983	11,063	13,365	19,572	11,917	14,640
	④その他固定費	13,054	15,474	17,197	39,153	23,838	29,286
c. 固定費(②+③+④)		87,939	94,062	117,924	175,116	96,898	124,721
d. 営業利益		▲1,226	▲4,065	▲2,868	18,294	▲5,989	▲584
原材料比率		31.2%	30.5%	32.6%	37.3%	40.3%	39.8%
労働分配率(人件費)		74.8%	75.0%	75.9%	60.2%	67.3%	65.1%
労働分配率(人件費＋外注加工費)		74.8%	75.0%	75.9%	60.8%	67.8%	65.7%
損益分岐点売上高		143,464	151,116	195,324	284,738	165,250	211,318
損益分岐点比率		101.4%	104.5%	102.5%	90.5%	106.6%	100.5%

確かに手待ち時間が多い気はしていた。でも……

「確かに手待ち時間が多い気はしていた」は、経営層から出てきた言葉です。日頃の社員の動きを見て感じていたことを数字で突きつけられ、納得すると同時に、「でも、まだ他にもモヤモヤすることはあるんですよね」と言うのです。表1では問題なさそうに見える原材料費率で、ムダが発生していると感じているとのことでした。

　そこで、「分けることで見えてくる」というモットーに従い、複数ある事業ごとに収益を確認し、各事業が抱える問題点の洗い出しに進みました。

　図1はA社の組織図です。設立以来、本社工場で製造販売（事業Ⅰ〜Ⅳ）を行っていたA社は、新規販路開拓の結果、受託製造事業（事業Ⅴ）を新たに立ち上げ、本社工場とは離れた場所に新たに事業所を設置しています。

ちゃんと部門別会計をして見えるようにしたい

　A社の会計システムは部門別会計に対応していないため、Excelを活用して独自に事業別の損益資料を作成していました。先ずはこれを基に進行期の事業別変動損益計算書を完成させる支援に入りました。

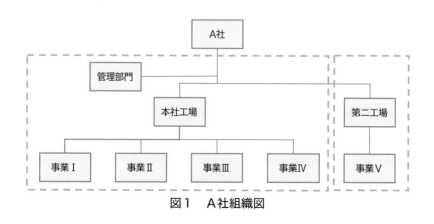

図1　A社組織図

表2　事業別変動損益計算書

(単位:千円)

勘定科目		全社計	事業Ⅰ	事業Ⅱ	事業Ⅲ	事業Ⅳ	事業Ⅴ
				20XX年度(進行期) 9ケ月経過			
a. 売上高		152,512	46,581	11,911	34,638	10,671	48,711
	材料費	54,065	14,262	4,181	9,931	3,564	22,126
	消耗品費(製)	4,546	1,200	329	1,107	290	1,619
	その他の変動費	6,258	1,554	454	1,551	394	2,304
	①変動費	64,868	17,016	4,964	12,590	4,248	26,050
b. 粗利(a−①)		87,643	29,565	6,946	22,049	6,423	22,661
	(粗利率　b./a.)	57.5%	63.5%	58.3%	63.7%	60.2%	46.5%
	管理部門給与	17,952	7,773	2,056	6,292	1,831	0
	その他従業員給与	51,086	20,455	3,028	6,622	4,141	16,840
	法定福利費等	1,418	571	168	536	142	0
	②人件費	65,242	26,743	4,657	11,409	5,592	16,840
	③設備費	8,727	3,468	977	3,428	853	0
	④その他固定費	12,991	4,914	1,422	4,886	1,260	509
c. 固定費(②+③+④)		86,959	35,124	7,057	19,723	7,706	17,350
d. 営業利益		684	▲5,560	▲111	2,326	▲1,283	5,311
原材料費率		35.4%	30.6%	35.1%	28.7%	33.4%	45.4%
労働分配率		74.4%	90.5%	67.0%	51.7%	87.1%	74.3%

　その過程で、管理部門の経費が本社工場内にしか配布されていないことに気づきました。表2は、表1の人件費内訳を表示させたものですが、設備費・その他固定費についても管理部門の経費は事業Ⅴには配分されていません。このため、事業Ⅴに利益が出やすいものとなっていました。

　管理部門の経費が配分されていない状態でも、事業Ⅴの労働分配率の高さが目につきます。

　さらに、事業ごとに明確に分けられる原材料比率においても、事業Ⅴが全社の足を引っ張っていることが見て取れます。

今でこれだと、事業Ⅴはもっと悪いということですよね

　ここまでで、経営層から「部門別会計をもっと精緻に行い、実態が見えるようにしたい」と、共通経費配分の見直しを相談されました。

　そこで、管理部門および複数事業にまたがる経費の配分基準について、勘定科目ごとに一つ一つ内容をヒアリングしながら決定していきました。私からは、勘定科目ごとに共通経費の基本的な配分の考え方を説

表3　勘定科目別の経費配分ルール検討例

勘定科目		基本的な考え方	A社の配分ルール
	仕入高1	補助材料（共通材料）は消費数量	個別製品ごとの消費量までは把握できないため、現状どおり製造数量で配分する
	仕入高2		
	仕入値引戻し高		
材料費			
	賃金賞与	原則：所属事業部門 他部門ヘルプがあればヘルプ時間で配分	事業Ⅴ以外は稼働時間を明確にとれないため製造数量で配分する 他部門ヘルプは勤務表から算出可
	法定福利費等		
労務費			
	地代家賃	事業ごとの専有面積または稼働時間	共通で使用する設備が多いため、製造数量で配分したい
	租税公課（固定資産税）	稼働時間または製造数量または売上高	売上高
	修繕費	事業に紐づけの設備はその事業へ 共用設備は稼働時間で	稼働時間を明確にとれないため製造数量で配分したい
	リース料		
	減価償却費		
	修繕費		
	水道光熱費	製造数量	同左、ただし製品により水道代の比重を変える
	消耗品費	製造数量または稼働人員数	製造数量で配分
	燃料費		
	雑費		
製造経費			

　明し、会社の実情に合わせて、今入手できる現場データで、できるだけ実態に近い配分にするには何を根拠にするかを一緒に考えていきました。

　表3は、各勘定科目中の共通経費をどう配分するかを検討した一部です。

私がヘルプに入った時はどうしたら良いですか？

　一つ一つの勘定科目について、ルール決めを進める中で、経営層から質問が。

　中小企業ならではの「欠員が発生したら社長であっても現場に入る」というものです。

　管理部門の社員が現場ヘルプに入る場合は、単純に「時給×ヘルプ時間」で労務費への振替を行えば良いのですが、役員の場合は時給単価が

一般社員と乖離するため、そのままの時給単価で振替を行うと、振替先の労務費に異常値がでてしまうことを心配されました。

そこで、一般社員の時給換算分で振替を行うことを提案し、それならと納得いただきました。

お客様とディスカッションを重ねることで、実際に工場を見たわけではなくても現場のフローを想像でき、お客様の商売への理解が進んでいると感じられ、私には楽しい時間となりました。

共通経費の配分について、考え方の合意を得た上で、部門別変動損益計算書にまとめたものが、次頁の表4および表5です。

管理部門の経費をちゃんと配分するとこうなるってことですね

売上の太い柱であり、表2では利益が出ているように見えた事業Vの実態は、最大の赤字部門でした。経営層からは、普段見慣れている数字とかけ離れた結果にショックを受けながらも、実態が見えたことを前向きに受け止める声をいただけました。

会社全体では「人の生産性」だけに課題があると見えたものが、事業Vでは「原材料比率」「人の生産性」ともに課題を抱えており、改善の緊急度が高いと判断されました。

事業Vの改善に取り組むにあたり、発注元の得意先別に数字を見たいという要望があり、事業別変動損益計算に続き、事業Vの得意先別変動損益計算書を作成しました。既に共通経費の配分ルールが決定されているので、同じ考え方で費用を配分していきます。

なお、事業Vは受託製造事業のため、製造設備は発注元企業から提供を受けており、大きな設備費が発生しません。このため、固定費のほとんどを人件費が占めるコスト構造となっています。従って、人件費をカバーするだけの限界利益を獲得することが、事業V黒字化の肝となります。

表4　事業別変動損益計算書

(単位：千円)

勘定科目		20XX年度(最終) 12ケ月経過					
		全社計	事業Ⅰ	事業Ⅱ	事業Ⅲ	事業Ⅳ	事業Ⅴ
a. 売上高		207,350	61,600	14,670	46,693	14,537	69,851
	材料費	72,783	18,731	5,097	13,890	4,741	30,323
	消耗品費(製)	5,997	1,552	391	1,441	386	2,227
	その他の変動費	8,297	2,041	523	1,968	521	3,244
	①変動費	87,076	22,324	6,011	17,299	5,648	35,794
b. 限界利益(a−①)		120,274	39,277	8,659	29,394	8,888	34,057
	(限界利益率 b./a.)	58.0%	63.8%	59.0%	63.0%	61.1%	48.8%
	②人件費	94,977	30,813	5,766	16,666	7,181	34,551
	③設備費	9,771	4,609	836	3,574	506	245
	④その他固定費	17,853	5,987	1,470	5,153	1,473	3,770
c. 固定費(②+③+④)		122,600	41,409	8,073	25,393	9,160	38,566
d. 営業利益		▲2,326	▲2,132	586	4,000	▲272	▲4,509
原材料比率		35.1%	30.4%	34.7%	29.7%	32.6%	43.4%
労働分配率		79.0%	78.5%	66.6%	56.7%	80.8%	101.4%

表5　事業Ⅴ得意先別変動損益計算書

(単位：千円)

勘定科目		20XX年度(最終) 12ケ月経過								
		事業Ⅴ計	得意先①	得意先②	得意先③	得意先④	得意先⑤	得意先⑥	…	得意先⑬
a. 売上高		69,851	5,791	6,188	4,647	1,611	11,300	12,564	…	1,144
	材料費	30,323	1,924	2,680	2,134	855	3,931	5,836	…	564
	消耗品費(製)	2,227	252	356	90	67	347	193	…	136
	その他の変動費	3,244	258	488	0	93	0	0	…	99
	①変動費	35,794	2,434	3,525	2,224	1,015	4,279	6,029	…	799
b. 限界利益(a−①)		34,057	3,357	2,664	2,423	595	7,021	6,535	…	344
	(限界利益率 b./a.)	48.8%	58.0%	43.0%	52.1%	37.0%	62.1%	52.0%	…	30.1%
	②人件費	34,551	3,686	3,714	2,786	1,253	4,941	4,021	…	708
	③設備費	245	18	19	14	5	34	38	…	3
	④その他固定費	3,770	298	284	226	97	523	633	…	95
c. 固定費(②+③+④)		38,566	4,001	4,017	3,026	1,355	5,498	4,692	…	806
d. 営業利益		▲4,509	▲644	▲1,354	▲603	▲760	1,523	1,842	…	▲462
原材料比率		43.4%	33.2%	43.3%	45.9%	53.1%	34.8%	46.4%	…	49.3%
労働分配率		101.4%	109.8%	139.4%	115.0%	210.5%	70.4%	61.5%	…	205.6%

　私は、得意先ごとで軽重の差はあれ、一様に原材料比率と生産性に課題があるという結果になるだろうと予測していました。しかし、管理部門の経費を負担しても黒字を達成している得意先もあれば、原材料比率に問題はなくても人件費すら回収できていない得意先もあり、結果に大きなばらつきが見られました。

社員を巻き込んで改善を進めるには？

　表4および表5を見て、改善のための取り組みとして、経営層からは次の意見が挙がりました。

> 1．原材料比率が悪い部門
>
> 　「ロス率」を把握することから始めたい。日々、何をいくつ廃棄しているのか、現場社員に廃棄量の記録を取ってもらい、それを金額ベースに変換し、現場社員を交えて改善策を検討したい。
>
> 2．労働分配率が悪い部門
>
> 　製造オペレーションの人員数を減らせるように、マニュアル化してはどうか。
>
> 　模範的な部署の取り組みをチーフ的社員からヒアリングし、横展開してはどうか。
>
> 　IT活用で配送ルートの最適化に取り組んではどうか。

　数字の改善は、現場社員の取り組みの結果です。ここで「役員報酬等の本社経費が現場に配分された数字では、現場の肌感覚とかけ離れたものになってしまい、社員の納得感が得られないのではないか」いうことで、経営層と私の意見が一致し、本社経費を現場から分離する形で、部門別変動損益計算書を作り直すことにしました。

- 本社経費を分離し、現場社員の肌感覚とかけ離れたものにならないものにする。
- 役員報酬をはじめとする、個別事業に関係ない数字をコストに乗せられることへの不満を回避する。
- 各事業の実態が明確に分かることで、社員が改善の必要性を納得できるようにする。

表6　事業別変動損益計算書

(単位：千円)

勘定科目	20XX年度(最終) 12ケ月経過						
	全社計	本社部門	事業Ⅰ	事業Ⅱ	事業Ⅲ	事業Ⅳ	事業Ⅴ
a. 売上高	207,350	0	61,600	14,670	46,693	14,537	69,851
材料費	72,783	0	18,731	5,097	13,890	4,741	30,323
消耗品費(製)	5,997	0	1,552	391	1,441	386	2,227
その他の変動費	8,297	0	2,041	523	1,968	521	3,244
①変動費	87,076	0	22,324	6,011	17,299	5,648	35,794
b. 限界利益(a−①)	120,274	0	39,277	8,659	29,394	8,888	34,057
(限界利益率　b./a.)	58.0%		63.8%	59.0%	63.0%	61.1%	48.8%
②人件費	94,977	28,827	22,202	3,715	10,139	5,149	24,945
③設備費	9,771	1,589	3,899	703	3,105	370	103
④その他固定費	17,853	5,072	4,949	1,211	3,516	1,107	1,999
c. 固定費(②+③+④)	122,600	35,489	31,050	5,628	16,760	6,626	27,047
d. 営業利益	▲2,326	▲35,489	8,227	3,030	12,633	2,262	7,010
原材料比率	35.1%	-	30.4%	34.7%	29.7%	32.6%	43.4%
労働分配率	79.0%	-	56.5%	42.9%	34.5%	57.9%	73.2%

表7　事業Ⅴ得意先別変動損益計算書

(単位：千円)

勘定科目	20XX年度(最終) 12ケ月経過								
	事業Ⅴ計	得意先①	得意先②	得意先③	得意先④	得意先⑤	得意先⑥	…	得意先⑬
a. 売上高	69,851	5,791	6,188	4,647	1,611	11,300	12,564	…	1,144
材料費	30,323	1,924	2,680	2,134	855	3,931	5,836	…	564
消耗品費(製)	2,227	252	356	90	67	347	193	…	136
その他の変動費	3,244	258	488	0	93	0	99	…	99
①変動費	35,794	2,434	3,525	2,224	1,015	4,279	6,029	…	799
b. 限界利益(a−①)	34,057	3,357	2,664	2,423	595	7,021	6,535	…	344
(限界利益率　b./a.)	48.8%	58.0%	43.0%	52.1%	37.0%	62.1%	52.0%	…	30.1%
②人件費	24,945	2,877	2,852	2,144	1,031	3,387	2,321	…	553
③設備費	103	6	6	5	2	12	13	…	1
④その他固定費	1,999	205	166	117	83	266	187	…	107
c. 固定費(②+③+④)	27,047	3,088	3,024	2,266	1,115	3,664	2,521	…	661
d. 営業利益	7,010	269	▲361	157	▲520	3,357	4,014	…	▲317
原材料比率	43.4%	33.2%	43.3%	45.9%	53.1%	34.8%	46.4%	…	49.3%
労働分配率	73.2%	85.7%	107.1%	88.5%	173.2%	48.2%	35.5%	…	160.6%

これなら、なぜこの取り組みが必要なのかを、社員に理解してもらえる

　本社経費を分離することで、改めて事業単体の実態が明らかになりました。事業Ⅴは、本社工場から離れていることで経営層の目が届きにくく、また従前の事業別損益では本社経費の扱いが中途半端で問題点が見えづらくなっていたと明確に分かりました。

　表6および表7に基づき、改めて、改善に向き合うにあたり、経営層からは以下の改善案が挙がりました。

1．原材料比率の改善

「ロス率」を把握する。現場社員に日々の廃棄量の記録を取ってもらい、それを金額ベースに換算し、現場社員を交えて改善策を検討する。

2．労働分配率の改善

製造オペレーションの人員数を減らせるように、マニュアル化する。

模範的な部署の取り組みをチーフ的社員からヒアリングし、横展開する。

事業Vの各得意先に対し、単価引上げ、取引数量拡大を交渉する。

IT活用で配送ルートの最適化に取り組む。

3．不採算事業からの撤退

改善しても固定費が回収できない事業・得意先については撤退も含めて検討する。

現状分析の結果と改善のためのディスカッションを通じて、A社は、結果につながるプロセス改善のスタートラインに立ちました。既にIT補助金を活用して配送ルート計算システムを導入、更に、Excelで行っている部門別会計を、部門別会計に対応した会計ソフトへ更新、部門別会計に協力的な税理士への契約変更も実行しました。

当初の契約ではスポットでの現状分析依頼だったものが、部門別会計導入を通じたプロセス改善の進捗モニタリングに携わることができることになり、これからのA社の業績改善を共に進めることができる嬉しさを感じています。

9. 香川県

担当執筆者：出口経尊

会社全体・部門毎・工事物件毎の限界利益に注目

■自己紹介

　私は建設業専門に「全体最適で粗利を増やす経営パートナー」として、香川県を拠点に現地訪問やオンラインでエリアを問わず活動しています。職種は経営コンサルタント業ですが、社長は経営の意思決定者、私は意思決定支援者というスタンスを心掛けており、社長が本業に集中しやすい環境を整えることで業績向上に繋げています。

　経歴は、大学卒業後に工事会社を経て、工務店のHP・チラシ・顧客管理・原価管理など集客や業務改善に携わりました。社長と交流する機会が多かった影響で経営に興味を持ち、社長の困りごとの中で優先順位の高い「お金」と「人」の問題解決を2016年から生業としています。

　金融や税務関係に従事した経験がなく、経営数字に苦手意識がありましたが、藤本さんも学ばれたキャッシュフローコーチ®、藤本さんが主宰の管理会計コンサルティング養成講座での受講等で学びと実践を繰り返し、管理会計を主体とした独自の「全体最適型・粗利増加法」で財務改善や人材育成など、経営全般の最適化をサポートしています。2023年3月に香川大学大学院でMBAの学位を取得し、修士論文の「住宅基礎工事業における経営判断の意思決定基準の考察」では、篠田朝也・藤本康男著『中小企業のための管理会計　～理論と実践～』を参考文献として労務費や稼働時間を利益計算に取り入れる研究を行いました。

■対象企業

　主な顧問先は、戸建住宅の新築やリフォームを手掛ける工務店、公共工事や民間の造成工事を手掛ける土木工事会社、基礎工事やサッシ工事等の下請を主とした専門工事会社、建材流通店、建材製造会社で建設業

に関連する企業ばかりです。

その中で、事例としてご紹介する企業は、社員数28名の土木工事、基礎工事、エクステリア工事の３つの事業を柱とするＡ社です。月に一度、社長の意思決定支援、幹部ミーティングの進行促進役、個別対応等で訪問しています。また、修士論文の研究対象企業でもあります。

Ａ社の社長との出会いは共に取引がある住宅会社の業者会で、毎月顔を合わせる関係でした。ただ、社長は強面で近寄りがたい雰囲気だったので若干距離を置いていましたが、ある日突然、会社の相談をしたいと真剣な表情でお声がけいただきました。今でも社長の言葉を覚えていますが、当時の心境は藁をも掴む状態で、本やインターネットに載っていない改善策を模索されていました。売上10億円という山の頂上に向かって毎年１億円単位で売上を伸ばしていたのですが、目標だった10億円の山に到達した時、振り返ると大切な仲間がいなかったそうです。理想と現実の大きなギャップにより、周りから売上10億円を褒められることが嫌味に聞こえるほど、今まで頑張ってきた自分を否定し、本当に苦しかったそうです。経営数字の観点だと、無借金経営で財務内容は悪くなかったですが、売上重視のため薄利多売で利益率が低く、待遇や設備に課題がありました。

■経営理念の策定

様々な課題が想定されたため、まずは現状把握に時間をかけました。社長だけでなく社員面談も行い、多面的に情報を得る事にしました。社長にも現状をある程度知っていただくために、重要と思われる事柄について伝え方に配慮して共有しました。それらを踏まえた上で、会社として方向性や価値観、ルールを共有するために経営理念を策定しました。社長一人で決めるのではなく、主要なメンバーから意見を出してもらいながら進めていきました。当時は不安・危険・ネガティブな雰囲気と、私の経験の少なさもあって策定の環境は厳しかったですが、今となってはその経験が活きています。経営理念の策定後は、社内教育の基本方針として共有し、採用面接や金融機関等への事業案内にも使われています。

■管理会計の導入

①数字の現状把握

　がむしゃらに頑張るのは良いと思いますが、ゴールが無ければ人の心はいつか折れてしまいます。また、待遇改善や設備投資には利益率の向上が必要になります。そこで、視覚的にわかりやすい「お金のブロックパズル®」を使って（図1）、過去3期分の収益を見える化し、現状把握を行いました。その際、損益計算書にある「工事原価」と「売上総利益（粗利）」は使わず、費用は売上に比例する「変動費」と売上にあまり比例しない「固定費」に分けました（固変分解）。例えば、工事原価にある労務費は人件費なので、販管費の人件費と合わせて固定費としました。

「限界利益」は決算書に出てこない言葉ですが、固定費と利益を賄うものなので、経営において重要な数字です。このように、限界利益や粗利

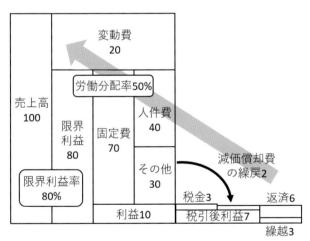

図1　お金のブロックパズル®

【典拠】※1　西順一郎『戦略会計 STRAC Ⅱ』（ソーテック社）の
　　　　　　　STRAC 表から加筆引用
　　　　※2　一般社団法人日本キャッシュフローコーチ協会（https://
　　　　　　　jcfca.com）「お金のブロックパズル®」を加筆引用
　　　　※3　篠田朝也・藤本康男著『中小企業のための管理会
　　　　　　　計　〜理論と実践〜』を加筆引用

等、それぞれ言葉の意味が異なるため、社内で定義を揃える必要があります。定義のズレは認識のズレになり、行動や利益に悪影響を及ぼします。ちなみに、「利益」は分かりやすさ優先で、営業利益と経常利益を一つにまとめて表現しています。

②数字の目標設定

　従来は売上高が目標値になっていましたが、限界利益と利益が目標値に変わりました。根拠ある目標設定には、図1のように右側から逆算していくのですが、「返済」が無かったため、「繰越」から「利益」を決める事になりました。ちなみに、返済がある企業の場合は、年間返済額を把握する必要があります。返済が複数有る場合は、返済予定表を数年先まで取りまとめることをお勧めします。「繰越」は貯めたい金額になります。ただし、現金の動きは流動的なため、「税引後利益＋減価償却費」はあくまで理論上のキャッシュフローですが、金融機関が返済能力を見極めるための経営状況を把握する目安になります。

「固定費」は、前年度をベースに採用人数の予定、経費の見直し等により予算決めを行い、利益目標と合わせることで限界利益目標を設定しました。売上高は前年度や今後の見通しから予測した限界利益率から割り出しました。

　会社全体の目標が決まった後、それを達成するために部門毎に限界利益目標の割り振りを毎年行っています。今でこそ恒例行事になりましたが、それまで数字に関しては社長一人が決めていたため、部門長の数字への抵抗感や目標設定への反発はかなり大きかった記憶があります。

　幸い、当初から工事物件毎に原価実績表を作成されていたので、実績は容易に把握することができ、見積や仕掛物件の状況を加味することで、目標に根拠を持たせることができました。その際のミーティングでは、最初と最後だけ社長は参加しますが、それ以外は部門長のみで話し合います。理由は、心理的安全性を高めることで意見が出やすくなり、自分達で決める過程を踏むことで、目標が自分事になるからです。

③数字の進捗管理

　毎月の訪問前に、工事物件毎の売上高、限界利益、限界利益率を部門毎に分けて一覧表にしてもらっています。工事物件単位では、主に限界利益や限界利益率に着目しており、特に限界利益率が極端な数値の場合は理由や原因を共有してもらいます。

　部門毎の売上高と限界利益を毎月把握できるため、前月までの実績に積み上げることで目標に対する進捗を確認しています（図２）。順調なのか軌道修正が必要なのか、社長をはじめ部門

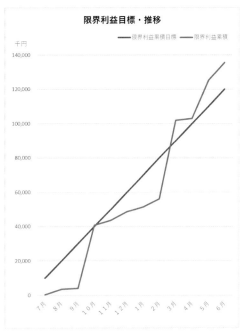

図２　限界利益目標と推移

長が早期に意思決定するための判断材料になります。

　会社全体だと、顧客毎に売上高、限界利益、限界利益率を把握できるので、営業戦略の判断材料になります。例えば、一社への依存度が一定の割合を超えそうな場合は、他社の取引量を増やし、新規開拓を行うことで、リスクを低減しようとする動きになります。

　また、管理会計の数字と合わせて、現預金の動きや固定費の推移を把握するため、月次の試算表も毎月訪問前に確認しています。最近では、稼働時間も判断材料に含めることで、お金と時間のバランスを確認するようになりました。

④数字の結果報告

　決算月の３カ月後あたりに全社員が社外の会議室に集まり、事業報告

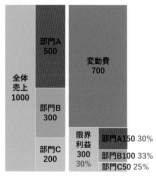

毎年開催している事業報告発表会の様子
（2022年）

数字の報告のイメージ図
（％は限界利益率）

発表会を毎年行うようになりました。報告だけでなく目標についても発表しており、数字をはじめ、経営理念に基づいた是正内容や方針についても、社長はじめ部門長が発表しています。その際、私も社長の補佐役として数字の説明を行っています。会社経営は遠い存在のものだと感じる人が多いと思いますが、会社は一人ひとりの力で成り立っていることを少しでも理解してもらうための活動です。

■管理会計の導入効果

定量的な要素では、売上高は横ばいの10億円もしくは9億円ですが、限界利益や限界利益率、営業利益は向上しました。限界利益率が改善されたことで売上高が同じでも、限界利益が増え、1000万円台後半だった経常利益は、毎年3000万円～4000万円前後になり、繰越利益剰余金を積むことで、自己資本比率は58％になりました（2022年6月期）。

定性的な要素では、社長以外も会社のお金に触れる機会が増え、目標数字に対する認識が変わってきました。民間工事の営業活動については部門長を中心に自分達で仕事を受注しようという動きになっています。現場管理や作業についても、社長が従事する機会がほぼ無くなり、社長は部下に任せることで営業活動や地域貢献等、「重要だけど緊急ではな

いこと」に時間を投入されています。

　また、一時は人手不足で困っていたのですが、経営理念を掲げて求人戦略に力を入れたことで、同業他社と比べて増員や若返りが進んでいます。

　まだ道半ばでしょうが、以前と比べて売上高は横ばいでも、利益率が改善して増益となり、社長が現場に従事しなくても収益を得られる体制になったことで、経営リスク低減や収益向上など、今後の企業成長に必要な土台作りは進んでいると思います。

■数字の副作用に注意

　副作用とは、気持ちへの影響です。一つは責任感がある人ほど、数値結果を見るだけで精神的にダメージを受けるそうです。会議では、心理的安全性を高めて進行していますが、目標とのズレは事実だからだと思います。その場合、責めるのではなく、寄り添う姿勢が大切で、皆で原因や対策を考えて次の行動に繋げます。順調な場合は、皆で褒め合えばモチベーションアップになります。

　もう一つの副作用は、会議に出ない立場の人たちにも会議内と同じ言葉を使って指示してしまうことです。人は偉そうに言われると、反発心が芽生えて人間関係に悪影響を与えます。数値結果の受け止め方は、会議に出る管理者とは違って当たり前なので、一旦自分の中に落とし込み、相手に合わせた言葉に変換した上で、協力を求めなければなりません。数値結果は全体を見渡すために視座を高くしますが、伝える際は相手に視座を合わせる必要があります。

■今後の課題

　今までは、売上主義によるロスもあったことで利益率の改善には伸び代があったと思いますが、今後は原材料費の高騰、給与水準の上昇等、外部環境の変化で利益率の維持が難しくなると思われます。値上げ交渉も根拠を示されて行っていますが、同時に内部の改善にも目を向け、情報共有や設備投資による効率化で稼働率向上、稼働時間の短縮で直用の

工事物件数増、人材の採用や教育による品質向上で、収益力強化を図る必要があります。

　最後に、社長が出口にサポートを依頼している理由をご紹介します。「出口さんには私ができないことを頼んでいる、逆に私ができることなら頼まない」。とても重みのある褒め言葉でした。これを期待と捉えて今後も管理会計をはじめとした経営支援力を強化して貢献していきます。

10. 徳島県

担当執筆者：塚原喬

変わる組織！　管理会計による在庫適正化の成功事例

■自己紹介

　私は2015年に徳島県で税理士事務所を開業した独立税理士です。税理士を目指した理由は経営者に近い存在として、「安心の提供」をしたいと考えたからです。独立してからは自分のしたいサポートを税務顧問の範囲内で行っていましたが、より顧客に近いビジネスパートナーになりたいと考えていました。漠然と「コンサルティング」といった言葉は浮かんでいましたが、どうやっていいかわからず、国の助成制度を利用した計画書作成支援や資金繰り支援に留まっていました。そんな折、藤本さんのセミナーで管理会計コンサルの話を伺ったのが、管理会計コンサルとの出会いでした。セミナーの受講の際はコンサルティング手法の一つ程度に感じていました。

■養成塾

　養成塾で強く記憶に残っており、今も意識しているのは「コンサルが解答を提供するのではなく、従業員に意見を出してもらい解決策を考えてもらう」というところです。コンサルが提供してそれが正しかったとしても実行するのは現場の従業員。第三者からやらされているアクションプランは効果的ではなく継続性もない。実際に、税務顧問先に対して決算書ベースでの課題提起をすることはあります。しかし、継続的に実行されることは少ないのが現実です。このような経験から養成塾での上記の言葉は腹落ちし易かったのを記憶しています。

■管理会計コンサル着手

　管理会計コンサルを受講し最終回を2021年9月に予定していました。

新型コロナウイルス感染拡大の影響で最終回が1カ月延び、その1カ月の間に提案していた顧問先から依頼を頂き受注できました。

　その後他の顧問先に管理会計コンサルについて話をすると、内容を詳しく聞きたいという言葉が多く管理会計コンサルについて提案する機会を多くいただきました。1件目着手の半年後には、県外の新規の方と契約し、さらにもう1件と2023年1月時点で3件支援させていただいています。コンサルティング業務を始めた当初は、慣れていないコンサルティング業務であること、また私の場合は税理士事務所の所長を兼務する形での業務日程であることから複数社同時に着手するのは困難と感じていました。しかし、ニーズがあることを感じており、当初は私一人でやっていたコンサルティング業務でしたが、事務所全体として必要なサポート業務ということを共有しました。現在では、コンサルティング業務について事務所内分業をすることで事務所全体としてのサポート体制を構築出来つつあります。

■コンサル対象会社との出会い

　現在受注している対象会社は金融機関からの紹介で関連会社の税務顧問を依頼されたのがきっかけです。その後親会社の顧問契約とコンサルティング契約を同時に受注しました。

　親会社は売上数十億、時計などの小売会社です。

　当時の対象会社は、セグメントごとの利益管理が出来ておらず、さらに、在庫管理や経営管理について不十分というイメージを受けました。また、在庫や売上情報に関して社内での情報共有が不十分であるため、売上、仕入、在庫情報の管理ソフトが入っているにもかかわらず活用できていない状況でした。

　金融機関から在庫が過剰であることを指摘されるも具体的な対応策を社内で持たず、売上の増加とともに、在庫増となり不良在庫かどうかは役員が把握しているのみで従業員レベルでは古い在庫があるがどうしていいかわからない状態だったのを従業員との個人面談で感じました。

　当初は経営理念を作成後、現場データを収集し経営会議でVCA
（V：Visualize「見える化」、C：Compare & Consider「比較化」「考える
化」、A：Action「行動化」）を回していく予定としていましたが、店舗
移転計画も1年後に控えており、また移転後の売上は当時の売上比1.5
倍の計画でありました。

　現状のまま売上増を目指すと、無制限に在庫が増えてしまう可能性
があったため急遽在庫についての経営会議を前倒しで行うことにしまし
た。

■臨時経営会議

　参加者は、社長、専務、各部署のマネージャー等5名。（私を含めて
合計8名）

　そこで、商品カテゴリーごとの棚卸資産回転率、さらにブランドごと
の棚卸資産回転率、また直近決算の保有在庫がいつの仕入年度のものか
カテゴリーごと、ブランドごとに明らかにするデータを集計・グラフ化
し開示することにしました。

　また、過剰在庫に対する危機意識が経営者を含めて低いため、経営者

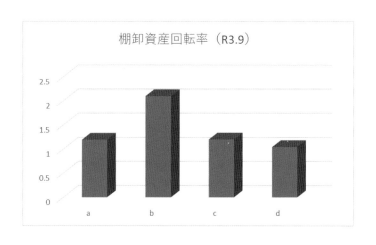

ブランドごと棚卸資産回転率（R3.9）

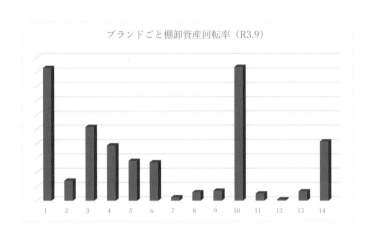

商品カテゴリーごと在庫高推移（R3.9）

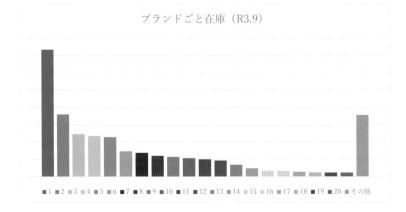

ブランドごと在庫（R3.9）

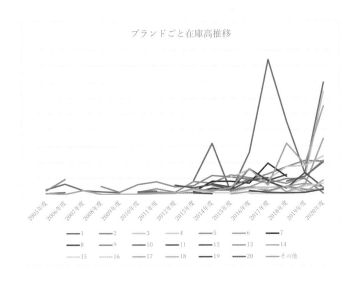

ブランドごと在庫高推移

在庫金利の損失				単位：千円	
	千円	金利		3年間	
不用在庫	100,000	1.3%	1,300		3,900

　には事前に在庫金利*7 の考え方を説明しました。これにより在庫を抱えることによるコストが見える化されることで、在庫の抱えすぎを抑制し、資金の流れがよくなることを理解しやすくなります。従業員を含めた経営会議でも同様に在庫金利について会議冒頭に説明することで、在庫適正化を図ることに関しては事前に目線を合わせておく工夫をしました。

　さらに当日の会議では、出来る限り私が意見を言わないようにし、従業員が気づいたことを言えるように準備をしました。
　具体的には、在庫金利の参考図書のコピーを配布してヒントを出したうえで先ほどのグラフに対する意見を求めました。

――――――――――

*7　在庫金利とは、在庫を保有することによる資金負担を、保有期間に応じて金利という仮想の資金コストに変換した管理会計上の金利のことです。

すると、
「直近決算時の在庫はやはり多いですね」
「○○の棚卸資産回転率は悪くない」
　さらに、
「あるブランドの棚卸資産回転率は非常にいい」
　逆に、
「このブランドの棚卸資産回転率は特別悪い。その理由は、ブランドごと販売担当者制となっているがその担当者の能力不足により前任の担当者が仕入れた在庫が残っており結果として棚卸資産回転率が悪くなっている」
　など複数出てきました。
　そして、私が、
「今後売上は現状の1.5倍を目指していきます。
　それに伴って無制限に在庫が増えていくと在庫金利がどんどん増えてきますよね。これからどうしていったらいいと思いますか?」
　と問いを投げかけたところ、従業員から、
「2000年以前の仕入在庫はどれぐらいありますか?」
　という質問があり、在庫情報から2000年以前仕入在庫を抽出し共有しました。
　その後、
「2001年から2005年の間に仕入れた在庫はどの程度残っているのか?」
「2006年から2010年の間に仕入れた在庫はどの程度残っているのか?」
　と従業員の興味と共に在庫削減への議論が進み、
「仕入時から相当程度期間が経過している在庫に関してはランク付けして返品等で削減していった方が良いのではないか」
　という意見も出てきました。
　その結果、2015年以前に仕入れた在庫について担当者が個別に確認後、ランク付けをして返品等で対応をしていくところまで進展しました。2015年以前に仕入れた在庫の数は、1,000個超であり、ランク付けは大変だったと思います。

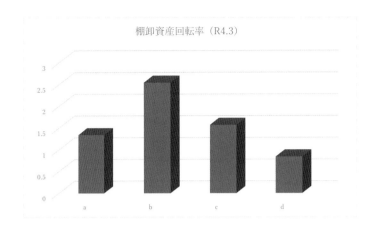

棚卸資産回転率（R4.3）

■効果

　会議を始めてから4カ月後、売上高が前年比較1.4倍になったにもか
かわらず、在庫に関しては増加を抑制する以上の効果が出始めて前期決
算残高から約1％削減することが出来ており、金融機関から会社の方針
や実績に対する良い評価を受け移転の計画も順調に進めることが出来て
いました。

　さらに不良在庫を処分することで節税メリットを享受することが出
来、運転資金の確保に繋がることを従業員が理解し、不良在庫に対する
考え方を組織で共有することが出来ています。よって、決算前には不良
在庫を惜しみながら処分をするという決断をすることが出来ました。し
かし、そもそも不良在庫になりそうな在庫を抱えない。つまり、仕入れ
の際には十分注意することも大事であることを同時に共有するようにし
ました。

　また経営理念策定に関しては、社長と専務がいらっしゃったので、そ
のお二人と別々に面談を行うことで経営理念の概要を作成しました。さ
らにマネジメント層の7名の従業員にも考えてもらい、従業員が思う経
営理念を会議で個人ごとに発表してもらいました。その発表の前に「心
理的安全性」についての説明を行い、この会議の場は「心理的安全性」

が保たれている。つまり、何を発言しても恥ずかしくないことを改めて確認した上で、経営理念発表会を行いました。管理会計コンサルを進めていくうえで拠り所となるのは経営理念です。その作成に従業員を参画させることで経営理念の今後の活用に繋がると考え「衆議独裁主義」*8 に基づいて経営理念の作成を進めました。

　その後3C、SWOT、バリューチェーン、アクションプランを1日かけて作成する合宿を開催し現在は、アクションプランの進捗状況の確認と棚卸資産回転率、在庫推移、ブランドごと売上の予実管理を毎月の会議で行い議論しています。

　その会議の際には「心理的安全性」が合い言葉のように出てきます。

　合宿時は、事前に3C、SWOT、バリューチェーンとは？　という研修を合宿前の定例会議で行いました。

　初めて上記のような分析を行う人が多いため、間違えてもいいように、

「不正解はありません、出来るだけ多く記述してください」

　という言葉とともに、記述中に付箋に書いている内容を横に立って、

「いい内容ですね」

　という言葉をかけました。そうすることにより安心して記述を進められたと感じています。

　最後には全員から感想をもらいました。

「初めて体系的に3C等の分析を行ってみてそれぞれのチームでもやってみたい」

「部門が違う役職者が集まって一つの事をやることでチームとしての一体感がうまれた」

「お互いの考えが見える化出来てコミュニケーションを図り易くなっ

---

*8　衆議独裁主義とは、経営理念を作るプロセスや企業経営に必要な考え方の一つ。衆議（社員と議論をつくすこと）し、最終的な決断は経営者が行う。つまり、衆議と独裁が共存する決断プロセスです。

た」

　このように管理会計コンサルの効果の一つである「仕事でのコミュニケーションの活性化」が出来ていると感じています。従業員の一人からは、以前までは会社の情報は経営者しか把握していなかったが、現在は情報の開示や共有が行われるようになり組織文化が変わったという意見も頂きました。また経営者からはマネジメント層のモチベーションが非常に高くなって組織が活性化されたという意見も頂いております。

　コンサル業務を始めたばかりで悩むことが多いですが、組織の改善・向上に向けた「実行支援」を出来ている実感があり、私の事務所の経営理念である「変化に対応し、変わらぬ安心を提供できる良きビジネスパートナーになる」に基づいた活動が出来ていると感じています。さらに経験を積んでファシリテーターとしての能力や会議体で確認する資料を効率的に作成できるノウハウを積んでいきたいと考えています。

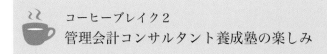

コーヒーブレイク2
管理会計コンサルタント養成塾の楽しみ

フジモトコンサルティングオフィス合同会社
代表社員　藤本康男

　これまで、多くの場所で養成塾を開催してきました。北は北海道から南は四国までまさに日本縦断という感じです。具体的には、札幌、仙台、富山、東京、大阪、高松、徳島です。

　養成塾を始めた当初はこんなに多くの場所で開催することになるとは思っていませんでした。しかし、人の縁とはなんともありがたいもので、ご紹介の輪がつながり思いのほか多くの場所で開催することができました。わたしの方針として、リアルに会って伝えたいということがありますので、講師である私は現地に赴くことになります。

　飛行機とホテルを手配して、荷物をパッキングして車で新千歳空港まで移動。空港では早めに手荷物検査場を抜け、ANA フェスタでお土産を買い込みます。そして、ショコラティエ・マサールでいつもの昼食を買います。私のお気に入りはスイスショコラです。機内で『Music Travel-70's & 80's』を聴きながら、ホットコーヒーとともに食すのがささやかな楽しみなのです。この番組の MC である寺脇康文さんは世代が近く、懐かしい音楽とエピソードが琴線に触れるのです。ここで聴いた曲をカラオケのレパートリーにすることもあります。

　さて、養成塾の楽しみの筆頭はなんといっても初めてお会いする受講生の方々との交流です。人生は出会いの連続ですから、新しい出会いほど嬉しいことはありません。生きていると、時には歓迎すべからざる人物に遭遇することもありますが、こと養成塾に限ってはそのような心配

は皆無です。なにせ、わたしのコンサルノウハウを学びに来られている
方々なのですから。受講生の方々との運命的な出会いは生きている証し
と言っても過言ではありません。

　このあたりの感覚は教職の方々と共通したものかもしれません。もち
ろん、養成塾は5カ月間のしかも月一回の頻度ですから、本職の教師の
方々と比べるのはおこがましいのですが、その関係性は似ているところ
があるような気がします。私としては、受講生の方々に最大限の満足を
提供するために、毎回の講座では気合を入れてやっているつもりです。
毎回なにがしかの進化をしている実感があります。

　長く仕事をしていると経験とともになんとなくわかってくることがあ
ります。それは、仕事とはどこまで行ってもゴールがなく、日々の試行
錯誤の繰り返しであるということです。うまくいかなければそれを改善
し次に生かすことになりますし、うまくいったとて、それで満足するこ
となく次回はもっと良くしたいと考えるものです。ですから、どこまで
いってもゴールはありません。しかし、それこそが楽しいのではないか
しらんと思っているのです。お釈迦さまのように悟りを開いてしまって
はつまらないのです。このうまくコントロールできない有限の人生とい
うものを、終わりのない試行錯誤の連続で埋めていくことこそが生きて
いるということではないかと思うのです。つまりは、「人生は有限の中
の永遠」ではないかと思うに至っております。

　さてさて、養成塾の楽しみはまだあります。ご当地の美味しいものを
食べることです。例えば高松での昼食は100パーセントうどんです。本
場のうどんはやはりまったく違います。また、講座がはねたあとの懇親
会も至上の喜びです。地元の美味しい料理に舌鼓を打ち、地酒を飲みな
がらの談笑はこの上なく楽しいひと時です。一仕事終えたあとの疲労し
た体に酒が染み渡っていきます。みなさんの談笑に耳をかたむけながら
だんだん酔いがまわってふわふわしてきます。そして、二次会ではバー

で語るもよし、スナックで歌うもよし。受講生の方々との深い交流が心地よいのです。

　さて、わたしの目標は養成塾で47都道府県を回ることです。だんだん欲が出てきました (笑)。しかし、まだ40も残っています。いったいいつになったら達成できるのか見当もつきませんが、確実に言えることはまだまだ楽しみが残っているということです。じっくり楽しみながらやっていきたいと思います。

第Ⅲ部　現場データ様式集

　第Ⅲ部では、実際のコンサル現場で使用している現場データの帳票類（ひな型）をご紹介したいと思います。できる限り汎用性のあるものを紹介しておりますので参考にしてください。

　なお、下記の帳票は次の URL よりダウンロードしてください。

https://f-c-o.co.jp/data/

1．売上関係（売上３点セット、取引先別年度別売上一覧、取引先別商品別売上一覧）

2．原価関係（限界利益率一覧表）

3．資金関係（資金繰表、在庫回転率推移表）

コラム13
中小企業の管理会計導入のための
支援ツール開発のコツ

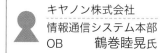

キヤノン株式会社
情報通信システム本部
OB　　　鶴巻睦晃氏

　私はキヤノン株式会社のシステム部門で業務系の社内システム開発 /
運用に携わってきました。

　藤本さんに誘われて、中小企業の管理会計を支援するツールを作り始
めました。これまでの業務知識から簡単なものかなと思っていましたが、実際に作ってみると大きな違いがありました。

　一番大きな違いは、マスター管理の意識です。

　中小企業でも販売システム、会計システムを使用しており実績を取得することが出来ます。ただ、コード統一がされていないので正確な集計が出来ているとは言えませんでした。

　システム的に「コード」とは、商品コードや取引先コードなどを指します。

　しかし、実際には多くの場面で商品名称や取引先名称が「コード」として使われてしまっています。例えば人によって呼称や漢字が違うことがあります。また大文字なのか小文字なのかといった表記が違うこともあります。こういったデータはコンピュータでは別物として扱われてしまいます。

　本来管理会計では、指標を作る為に集計を行います。しかし、正確な集計が出来ていないために信用されていませんでした。一番早い対応方法は、最初から正しい登録することですが、限られた人数で正確な情報管理をすることは大変な作業です。

　そこで、出来るだけ現行業務を変えずにツール側で集計が出来るように対応しました。

これにより商品名の違いを吸収し、補正するなどして正確な集計を可能にしました。
　例えば、

　　①購入と出荷の履歴から商品名別の月別購販在表の作成が可能となり、滞留在庫を見つけられるようになりました。
　　②売上伝票から商品別の日別、月間、年間の売上表を作成出来るようになりました。

　成果物だけを見ると、販売システムなどに標準で備わっている機能です。しかし正しくマスター管理することが前提なので違いを吸収して補正する仕組みは標準にはありません。

　私は中小企業の管理会計支援ツールでは、コードの違いを受け止めることが求められると考えています。
　これからも各々の企業にとって有効な支援ツールを提供し、次のステップにつなげられるようなサポートが出来ればと思っています。

おわりに

　中小企業の管理会計に関する二冊目の書籍をまとめることができました。これで、一つの区切りを迎えたように感じています。

　思えば、大学卒業後に入社したＣ社で２年間の営業研修を経て経理に配属されてから、約35年間も管理会計の仕事に携わってきたことになります。橋本さんのコラム同様、私も経済学部の出身でありながら簿記の簿の字もしらないド素人として工場経理課に配属されたのです。来る日も来る日も細かい数字の集計作業（当時は電卓の手計算！）に追われて「一体何の意味があるのか」と悶々としていました。Ｃ社特有の予算編成が年に４回もあり、その都度膨大なデータを集計して、深夜まで残業したものです。ヘロヘロになって深夜３時ごろに帰宅すると、新婚の妻はかいがいしくも鍋を作って待っていました。深夜３時に食べた鍋の記憶はいまでも脳裏に焼き付いています。

　そろそろ限界を感じていた予算編成の残業時に、先輩のＹさんから言われた言葉があります。「藤本、数字の裏側にはストーリーがあるんだぞ」と。その瞬間「あ、なるほど」と腑に落ちるものがありました。なんとなくその意味を直観的に理解したように思います。

　長い人生には、その人生を左右する言葉に出会うものかもしれません。橋本さんは「歌って踊れる経理マンになりなさい」という神の啓示のような言葉に打たれ、私はＹ先輩の「数字の裏側にはストーリーがある」という言葉に打たれました。

　学生時代、経済書はほとんど読まずに小説ばかり読んでいた私には、ストーリーという言葉がすっと体に入ってきたのでした。無味乾燥な数字の裏側には、様々な登場人物が交錯し、時にはおどろおどろしい感情

のぶつかり合いや打算の応酬、はたまた手練手管の奇策を放つ曲者などなどが跳梁跋扈しているかもしれない……などと妄想したわけです。

　果たして現場に赴けば、いろいろな立場の人たちがそれぞれの使命感を持って真面目に仕事をしているのでした。それらの人物像をつぶさに観察し会話をするなかで、徐々に数字というものの裏側にあるストーリーが見えてきました。時には「経理みたいに数字しか見てない奴に何がわかるんだ？」などと手荒な歓迎もありましたが、しつこく質問すると案外打ち解けて仲良くなったりするものです。

　それぞれの部門のプライドをかけて仕事をしていることがわかり始めると、自分も経理マンとしてのプライドを持たなければという気持ちが芽生えてきました。数字を間違えないという基本の徹底から始まり、差異分析においては、現場に質問を繰り返しました。そこで、プロセスを十分に理解したうえで数字を作り込む大切さを学んだような気がします。数字の裏側にあるストーリーとは、まさにプロセスに他なりません。そのプロセスは生身の人間が動かしているということだったのです。

「歌って踊れる経理マン」とは縦横無尽のコミュニケーションによってプロセスを十二分に理解することと理解しましたが、その意味では、Y先輩の「数字の裏側にあるストーリー」という言葉と全く同じことを言っているのです。橋本さんはC社においてその経理マン人生を全うされ、私は途中でドロップアウトして在野で孤軍奮闘する人生を選んだわけですが、二人にはやはり同じC社経理マンの血が流れているのです。

　在野での経理マン人生には、啓示を与えてくれる先輩はいませんでしたが、それまでに培ったプライドで十分に戦える自信はありました。やってやれないことはない、と意気込んでおりました。

しかし、初戦は大惨敗に終わりました。完膚なきまでに自信をへし折られたのです。忘れもしない最初のコンサルティング現場でのことです。その日、工場現場の改善に赴いた筆者はまず現場の人たちの生の声を聞こうと考えました。そこで、社長に頼んで製造現場のスタッフ10名ほどを会議室に集めてもらいました。会議室に集まった社員さんに向かって、おもむろに「普段、みなさんが感じている現場の改善について意見を聞かせてもらえませんか?」と聞いてみました。すると、なんの反応もありません。「えっ、なんでなにも言わないんだ?」内心、焦りながらも自分を鼓舞して、再度発言を促すべく「なんでも結構です。ここで発言されたことはそのまま社長に伝えることはありません。安心してください」しかし、まったく無反応のままです。いやむしろさらに冷たい空気に支配されていました。私は、すでにパニック状態でした。背中を冷たい汗が一滴流れていく感覚を今でも覚えています。

　その日はほうほうの体で退散しました。それからというもの、「なぜ、あの人たちは一言もしゃべらなかったのか?」と考え続けました。しかし、いっこうにその答えは見つかりません。ある日、時間つぶしに喫茶店でコーヒーを飲んでいたとき、ふと、ひらめいたのです。「C社では会議の際に発言がないということはなかった。では、何が違うのか?あ、そうか、データがないんだ!」と。C社では会議の際にはかならず手許にデータや資料があったのです。ところが、今回の製造現場では手許に何にもなかったのです。「もし、あの現場の会議室にデータがあったら違っていたのではないか?」

　翌月、社長に「もう一度チャレンジさせてください」と頼み込みました。今度は、現場のデータを取ってもらうように依頼しました。製造ラインからはじかれた不良品の数と出社してから帰るまでの簡単な日報を書いてもらいました。不良品は、手書きで「どの製品が何個ライン落ちしたか」を正の字でカウントしてもらう、という一番簡単な方法でお願いしました。

1カ月後、そのデータをもとに同じメンバーで会議を行いました。集計したデータを全員に配り会議を開始しました。すると、今まで貝のように黙っていたメンバーが口を開いたのです。

　　筆者（以下Ｃ）：「工場長、この製品の不良品が多いのはなぜですか？」
　　工場長（以下Ｋ）：「ああ珍味系でしょ？　これは形が複雑だから成形するときに不良が出るんだよ」
　　Ｃ：「そうなんですか、具体的にはどう複雑なんですか？」
　　Ｋ：「中にホタテの貝柱が入ってるから、包むときにずれると端っこに穴があくときがあるんだよね」
　　Ｃ：「へえ、そうなんですね。じゃあ、この不良をなくすにはどうすればいいんでしょうね？」
　　Ｋ：「微妙だよね……」

　「微妙だよね」、で終わるそれこそ微妙な会話でしたが、ともかく会話が生まれた瞬間でした。現場データを配り、それを見ながら質問すると、だれでも喋るという事実を発見した瞬間でした。もちろん、一筋縄ではいきません。すぐに、改善策が出るほど甘くはありませんが、それでもその会話から生まれる事実を足掛かりに地道に会話を続けていくことでいずれ改善策に結びつくという感触は得ることができました。

　また、中小企業のスタッフの言葉は洗練されていない分、生々しく新鮮でもありました。訥々と話す内容にその人の理屈だけでないリアルな気持ちが表れていることも発見できました。それは、まるで脚本のないドラマのセリフのように聞こえてくるのです。次第にスタッフと会話することが楽しくなっていきました。

　このような経験を経て、次第に私なりの管理会計コンサルティングを体系化していったのです。テキストもなく頼れる先達もいなかったこと

がかえって良かったのかもしれません。最初は苦労しましたが、あきらめずコツコツとやっていくことで道が開けてきたように思います。しかし、この進化の源泉にはC社で培ったものがベースにあったことは言うまでもありません。

　その後、管理会計コンサルタント協会を立ち上げ全国の同志とこのような本を書き上げることができたことは本当にありがたいことであり嬉しいことです。全国の同志はそれぞれのやり方で独自性を発揮しています。管理会計コンサルティングは基本的な考えは共通ですが、その手法は自由であり、まさにアドリブです。基本的な考え方をベースに多種多様な方法論があってしかるべきです。なぜなら、世の中小企業はどれ一つとして同じということはないからです。

　これからも引き続き同志を増やしていく予定です。そして、その仲間とともに切磋琢磨しつつ全国の中小企業を元気にしていければこれに勝る喜びはありません。

　最後になりましたが、執筆にあたってご協力いただいたすべての顧客の皆様並びにコラムを書いていただいた皆様に心より感謝申し上げます。

　令和5年　初夏

　　　　　　　　　　　　　　　　　　　　　　　　藤 本 康 男

お わ り に

篠 田 朝 也

　本書は、中小企業における管理会計の導入に関する実践のアイデアや事例を、読者の皆さんと情報共有しようと試みたものです。藤本氏が執筆した第Ⅰ部の「管理会計コンサルティングの実務」や関係各位による「コラム」、および、管理会計コンサルタント協会のメンバーが執筆した第Ⅱ部の「管理会計コンサルティングの事例紹介」などを参考にされながら、本書を手に取られた方々が、ご自身が直面する課題に取り組む際のヒントなどを掴んでもらえたら嬉しく思います。

　私たちの活動の理念は、中小企業にこそ管理会計の活用を通じて経営の活性化を試みることが必要であるというものです。一方で、本書をご覧いただくと、管理会計の意義とともに、その多様性や難しさについてもご確認いただけると思います。

　管理会計は、組織における人の営みです。「見える化」とは言っても、簡単に精度の高い情報も集まりません。業務の範囲は広いため、どこから手を付けたらよいのかもケースバイケースです。また、リーダーやメンバーの想いをすり合わせていくという面倒で厄介な活動です。さらに、「見える化」によって、見ずに済んだものや、見たくないものまで明らかにしてしまったり、お互いに言いたくないことにも触れなければならなくなったりします。心地よいことが起こるというものでもありません。

　したがって、管理会計の導入や運用は、スマートにうまくいくようなことばかりではありません。紆余曲折や試行錯誤が「当たり前」のことで、段階的に成果が生まれてくるものです。この点を読者の皆さんと共

有できたのであれば、本書の試みはうまくいったと考えます。

　コンサルタントの立場で本書を手に取られた方々には、クライアントの中小企業に寄り添い、より良い経営を実践できるようサポートいただきたく思います。管理会計の導入と実践には、とても地道な作業が続きます。管理会計コンサルティングは、スポットですぐに成果が出る分かりやすい取り組みではありません。手間のかかる「伴走支援」に取り組む必要もあります。ただ、管理会計さえしっかりしていれば（いたら）、もっと良い「経営」ができるだろうに（できただろうに）、という中小企業はたくさんあります。多くの中小企業には管理会計導入支援のサポーターが必要であり、潜在的ニーズは多くあります。それゆえ、伴走型支援ができる専門家は貴重な人材となります。面倒で手間のかかる支援になりますが、だからこそやりがいがあるとも言えます。中小企業に必要な支援が行き届くように、管理会計の導入と運用の支援に意欲のある専門家が増えていくことを願っています。

　本書を手に取られた方の中には、中小企業の経営者や管理者の立場の方もいらっしゃるかもしれません。経営者や管理者の方々は、日々の業務に追われ、管理会計の整備にまでなかなか手が回らないという現実もあると思います。しかし、会社が成長し、継続するのであれば、いずれ管理会計の仕組みは整備しなければならなくなります。理想は余裕があるときに準備を進めることです。必要性を少しでも感じたら、まずは、ぜひご自身で管理会計の仕組みの構築について検討をされてみてください。社内で構築できそうであればそれに越したことはありません。ただ、もし自社内だけで取り組みを推進することが難しい状況でも、そこであきらめずに「丁寧に話を聞いて、伴走しながら助言やサポートをしてくれる専門家」を探してみてください。半年くらい一緒に活動されると、その手ごたえや、専門家との相性なども分かると思います。うまくいかなければ、新しい専門家を探したり、自社内での取り組みに切り替えてもよいでしょう。いずれにしても、管理会計が必要だと感じたら、

まずは「できることから導入を推進しようと試みる」ことが大切です。経営者、管理者の立場で、管理会計の仕組みを構築しようと試みていらっしゃる皆様も「同志」です。皆さんの取り組みがうまくいくことを願っています。

　管理会計コンサルタント協会では、本書で紹介したように、メンバーの方々と定期的に情報交換、意見交換をしながら、各位のコンサルティングの方向性を模索しています。私たちはこれからも継続的に活動を進めていきますが、当協会とは直接関わりのない方々であっても、管理会計に関心を持っていただいている方々は「同志」だと考えています。もちろん、一人ひとりができることは、目の前の課題の解決に向けた取り組みに過ぎません。とはいえ、本書を通じて、中小企業の経営の活性化を図り、持続可能性を高めるために、管理会計の導入と実践に紆余曲折や試行錯誤を繰り返しながら取り組んでいる多くの「同志」がいることを感じていただければ嬉しく思います。このような活動の積み重ねが、地域の社会経済をより良いものにしていくことにも繋がるものと信じています。

参考文献一覧

エイミー・C・エドモンドソン（2021）『恐れのない組織』（野津智子訳）英治出版

石井淳蔵（1999）『ブランド —— 価値の創造』岩波書店

エマニュエル・レヴィナス（1947）『実存から実存者へ』（西谷修訳）筑摩書房

九鬼周造（1928）『時間論』岩波書店

アダム・スミス（1789）『国富論Ⅰ』（大河内一男監訳）中央公論新社

〈第二部　事例編著者一覧〉

齊藤弘樹　　　株式会社サンブレスコンサルティング　代表取締役
本間崇　　　　税理士法人スクエア会計事務所　代表社員
平塚喜一　　　平塚喜一税理士事務所　代表
越澤勝　　　　越澤中小企業診断士事務所　代表
大橋弘子　　　株式会社スタートアップウェイ　代表取締役
三上次郎　　　有限会社ネクスト３　代表取締役
竹内宏　　　　竹内商店株式会社　代表取締役
髙井美帆　　　株式会社MUSUBU髙井会計　代表取締役
出口経尊　　　心楽パートナー株式会社　代表取締役
塚原喬　　　　塚原喬税理士事務所　代表

藤本　康男（ふじもと　やすお）

生年：1964年　出生地：徳島県
北海道大学経済学部卒業
キヤノン株式会社経理部勤務（18年間）を経て独立
フジモトコンサルティングオフィス合同会社代表社員
藤本康男税理士事務所所長

篠田　朝也（しのだ　ともなり）

生年：1975年　出生地：岐阜県
京都大学大学院経済学研究科修了　博士（経済学）
滋賀大学経済学部講師、助教授、准教授、
北海道大学大学院経済学研究院准教授を経て、
岐阜大学社会システム経営学環教授

【共著】
『中小企業のための管理会計　～理論と実践～』（東京図書
出版、2019年）

中小企業のための管理会計コンサルティング
～実務と事例～

2023年12月31日　初版第1刷発行
2024年10月11日　　第2刷発行

編　　　者	管理会計コンサルタント協会
編 著 者	藤 本 康 男
監 修 者	篠 田 朝 也
発 行 者	中 田 典 昭
発 行 所	東京図書出版
発行発売	株式会社 リフレ出版
	〒112-0001　東京都文京区白山5-4-1-2F
	電話 (03)6772-7906　FAX 0120-41-8080
印　　　刷	株式会社 ブレイン

© FUJIMOTO, Yasuo / SHINODA, Tomonari
ISBN978-4-86641-710-3 C2034
Printed in Japan 2024